EL FUEGO
DE LA PRESENCIA
DE DIOS

EL FUEGO DE LA PRESENCIA DE DIOS

CÓMO ACERCARSE A UN DIOS SANTO

A.W. TOZER

WHITAKER
HOUSE
Español

Publicado por Bethany House Publishers
11400 Hampshire Avenue South
Bloomington, Minnesota 55438
www.bethanyhouse.com

Bethany House Publishers es una división de
Baker Publishing Group, Grand Rapids, Michigan

Printed in the United States of America
Impreso en Estados Unidos de América

ISBN: 978-1-64123-883-0
eBook ISBN: 978-1-64123-884-7

A menos que se indique lo contrario, todos los textos bíblicos han sido tomados de la Biblia versión Reina Valera 1960.® Usada con permiso. Todos los derechos reservados mundialmente.

Las citas bíblicas marcadas «NVI» son de la Santa Biblia, Nueva Versión Internacional® NVI®. Copyright © 1999, 2015 por Biblica, Inc.® Usada con permiso de Biblica, Inc.® Reservados todos los derechos en todo el mundo.

Portada diseñada: *Rob Williams, InsideOutCreativeArts*
Desarrollo editorial: *Grupo Nivel Uno, Inc.*

Cualquier pregunta o solicitud relativas al precio o disponibilidad de este título de Baker Publishing Group en cualquier país o ciudad de Latino América, debe dirigirse a Whitaker House, 1030 Hunt Valley Circle, New Kensington, PA 15068; InternationalOrders@WhitakerHouse.com

James L. Snyder es representado por The Steve Laube Agency.

1 2 3 4 5 6 7 8 9 10 11 **LLJ** 29 28 27 26 25 24 23 22

CONTENIDO

Contenido

INTRODUCCIÓN

Ningún tema era más importante para el doctor A. W. Tozer que la presencia de Dios, sobre todo la presencia tangible y manifiesta de Dios. Esto dominaba al doctor Tozer, su vida y su ministerio. De hecho, un amigo suyo me contó una historia que enfatizaba eso.

Tozer fue el orador en una reunión de un campamento de verano. A menudo predicaba en reuniones campamentales por todo el país. En su época fue un disertante muy popular en campamentos, universidades e iglesias.

Durante ese campamento en particular, se dispuso que el doctor Tozer predicara en el servicio nocturno de las siete en punto. Cuando llegó la hora, no aparecía por ningún lado. Así que empezaron el servicio, pensando que tal vez llegaría tarde, como a mitad de la actividad, a tiempo para hablar.

El tiempo pasó, pero Tozer no apareció; alguien tuvo que intervenir a último minuto para predicar.

A la mañana siguiente, mi amigo se encontró con el doctor Tozer y le preguntó: «¿Dónde estuviste anoche? Te estábamos esperando para que hablaras».

Tozer, observándolo, dijo en voz baja: «Anoche tuve una cita muy importante».

Más tarde, mi amigo descubrió lo que realmente había sucedido. Después del almuerzo, el doctor Tozer se había arrodillado para orar y adorar a Dios. Se internó tanto en la presencia de Dios que perdió toda noción del tiempo.

La mayor carga de Tozer era que, aun cuando la mayoría de las iglesias con las que estaba familiarizado creían en la presencia de Dios, pocas la *experimentaban* en verdad. Lo cual es muy diferente. Experimentar la presencia manifiesta de Dios es algo que nada ni nadie puede igualar.

Uno de los acontecimientos bíblicos favoritos del doctor Tozer era el de Moisés ante la zarza ardiente. Tozer tenía una tremenda fascinación con lo que Moisés experimentó allí. Además creía que lo que Moisés apreció ahí, en esa montaña, es posible que nosotros lo percibamos hoy. Por supuesto, no de la misma manera. Pero podemos sentir al mismo Dios que Moisés experimentó.

Para Tozer, uno de los grandes efectos de sentir la presencia de Dios es la manera drástica en que el creyente se separa del mundo. Tozer advertía con vehemencia en cuanto a permitir que la cultura entrara en la iglesia. Considere la historia de Sadrac, Mesac y Abed-nego en el horno de fuego. El rey Nabucodonosor estaba de acuerdo con que adoraran a Jehová siempre que adoraran al rey y a su ídolo. *¿Qué daño podría hacer eso?*

Eso es lo que estamos escuchando hoy, que necesitamos traer al mundo a la iglesia para que podamos «ganar» al mundo para Cristo. Sin embargo, Tozer argumentaría que eso no es lo que indican las Escrituras. La iglesia debe salir al mundo y proclamar el evangelio de Jesucristo.

Experimentar la presencia manifiesta de Dios nos equipa para ir al mundo y evangelizar. También nos capacita para separarnos del mundo y adorar a Dios de la forma en que Él desea ser adorado.

Una cosa que Tozer enfatiza es el hecho de que no podemos determinar cómo adorar a Dios. No tenemos opciones a este respecto. Debemos adorar a Dios en sus términos o no adorarlo en absoluto.

Una vez que hemos descubierto a Dios y lo experimentamos, nada más nos satisface realmente. Lo cual es bueno.

Permita que este libro lo lleve al monte donde está la zarza ardiente para que experimente a Dios en su plenitud.

—Dr. James L. Snyder

CAPÍTULO 1

Moisés en la zarza ardiente

Entonces Moisés dijo: Iré yo ahora y veré esta grande visión, por qué causa la zarza no se quema.

—ÉXODO 3:3

> *Oh, misericordioso Padre celestial, acudir a tu presencia es la gran alegría de mi vida. Es en tu presencia, oh Padre, que realmente descubro quién soy ante tus ojos y lo que piensas de mí. Amén.*

Una maestra de escuela dominical estaba enseñando una lección sobre Moisés en la zarza ardiente. Ella le explicaba a la clase: «Como ustedes saben, Moisés fue un gran científico. Era un hombre muy observador. Cuando vio el fuego ardiendo en la zarza, su espíritu científico emergió y dijo: "Voy a examinar esto"».

Nada podría ser más errado que la historia que narró esa maestra. Inicialmente, Moisés se preguntó por qué el fuego no consumía la zarza, pero en este libro no me referiré a la filosofía ni a la psicología para tratar de entender lo que le sucedió a Moisés con la zarza ardiente. Eso no se puede entender, y mucho menos explicar, desde ningún punto de vista humano.

Todo en este libro se centrará en teología. Lo que quiero decir con *teología* es simplemente *teo* significa «Dios» y *logía* significa «estudio de». Por lo tanto, me estoy refiriendo al estudio de Dios. Quiero estudiar a Dios en el entorno en que Él quiere que yo lo estudie. No trataré de transmitir mi entendimiento, que es solo humano. Quiero que usted experimente el fuego de la presencia de Dios. No será de la misma manera que lo experimentó Moisés, pero usted y yo podemos percibir la presencia manifiesta de Dios.

Aparte del Señor Jesucristo, yo diría que Moisés es la persona más conocida en la Biblia y en la historia de la iglesia. Nadie tiene las credenciales que tenía Moisés.

Lo que exploraremos en este libro es la manera en que Moisés descubrió su identidad en la zarza ardiente y cómo afectó eso su vida.

Estoy seguro de que las zarzas ardientes no eran fenómenos aislados en las montañas. ¿Qué tenía esa zarza que puso de rodillas a Moisés y le permitió descubrir no solo a Dios, sino también su propia identidad?

Cuando Moisés se acercó a la zarza ardiente, tenía ochenta años (Hechos 7). Si usted recuerda su historia, sus primeros cuarenta años los pasó en Egipto, donde al final alcanzaría el máximo nivel gobernante. Tenía un gran futuro en Egipto. Quizás habría reemplazado a Faraón. Pero cuando Moisés tenía cuarenta años, huyó a las montañas después de matar a un egipcio que había atacado a un esclavo hebreo.

Al observar esta historia, no puedo imaginar cuán confundido pudo haber estado Moisés. Pensó que podría ayudar a su pueblo, los israelitas. Fracasó en ese esfuerzo, por lo que escapó para esconderse, pensando que su vida realmente había terminado. Pero fue en ese escondite que Moisés encontró su identidad.

He notado muchas veces en mi propia vida que Dios me permite ir en una dirección determinada que no me gusta porque tiene una intención más alta para mí. Dios no podía hacer con Moisés lo que debía hacer mientras estuviera en Egipto. Dios tardó cuarenta años en las montañas para limpiar a Moisés de la influencia de Egipto y prepararlo para lo que le esperaba.

Sería maravilloso sentarse con Moisés una noche en las montañas y hablar con él. Es probable que, después de unos años, los recuerdos de Egipto comenzaron a desvanecerse. Sin embargo, puedo imaginar que, mientras se sentaba afuera —en esas noches iluminadas por las estrellas—, comenzaba a pensar que no tenía un propósito real en la vida.

¿Cuántas veces hemos llegado a ese punto de desaliento? Hacemos nuestro mejor esfuerzo, pero nada funciona. Creemos que hemos llegado al final con nosotros mismos y no tenemos más propósito en la vida. Sin embargo, en el momento correcto y en el lugar correcto, Dios abrirá una puerta que no se había notado antes. Me refiero a esto como una experiencia transformadora.

Esos primeros ochenta años de la vida de Moisés lo prepararon y lo llevaron a una experiencia con la zarza ardiente que no solo cambiaría su vida, sino toda la historia.

Moisés fue un buen hombre en muchos aspectos. Creo que su vida, hasta ese momento, refleja la mayoría del cristianismo actual. Tratamos de hacer algo para agradar al Señor, pero gran parte de lo que hacemos termina en fracaso. Luego viene un largo período de sequía cuando creemos que nada sucede y que Dios no puede usarnos. Creemos que estamos en esa etapa de jubilación en la vida.

Sin duda, somos buenas personas y tratamos de hacer cosas buenas. Así como Moisés tenía pasión por servir a su pueblo, los cristianos de hoy tienen una pasión similar por servir. Lo vemos por todas partes. El problema de Moisés era que no conocía a Dios y no sabía cómo quería Dios que él sirviera. Esa es la cuestión clave aquí. No es suficiente hacer cosas buenas. Cualquiera puede hacerlas, incluidos los no cristianos y los ateos.

No es lo que usted está haciendo, sino quién está trabajando a través de usted; eso es lo que realmente marca la diferencia.

En la zarza ardiente, Moisés experimentó la transformación y, por primera vez en su vida, descubrió su verdadera identidad. Esos primeros ochenta años pasaron y sirvieron solo como preparación para lo que sucedería después.

Eso es exactamente lo que los cristianos de hoy necesitan experimentar: estar frente a esa zarza ardiente y descubrir su identidad desde la perspectiva de Dios.

Todos sueñan con lo que quieren hacer, pero nuestros sueños se basan solo en nuestra perspectiva limitada. ¿Cómo cambiarían nuestras vidas si tuviéramos una perspectiva eterna? ¿Cómo cambiarían nuestras vidas si nos viéramos a través de los ojos de Dios?

Durante cuarenta años, Moisés tropezaba en las montañas cuidando ovejas. No puedo imaginar lo aburrido que estaría. Después de todo, era un hombre formado en todo lo que la educación de Egipto tenía que ofrecer en aquel tiempo. Sin embargo, ahí está, aparentemente sin hacer nada de importancia real año tras año, década tras década. Considérelo, si Moisés hubiera muerto a los setenta y nueve años, nadie habría oído hablar de él ni sabido de él hoy.

Lo que me interesa de la historia de Moisés es que el tiempo de Dios nunca es mi tiempo y el lugar de encuentro de Dios nunca es el que yo escogería. Moisés tuvo que someterse a Dios en todos los aspectos. Tenía que renunciar a todo e incluso alejarse de su gente. Ese compromiso llevó a Dios a traer a Moisés a la zarza ardiente.

¿Quién elegiría a un hombre de ochenta años y lo enviaría a hacer la tarea a la que Moisés fue enviado? Hoy pensamos que necesitamos jóvenes con energías para hacer las tareas importantes. Sin embargo, el plan de Dios rara vez coincide con los nuestros. Las ideas de Dios están muy por encima de las nuestras porque estamos limitados por nuestro pensamiento humano.

Cuando Dios llama a una persona a hacer un trabajo, esa persona tiene acceso a la autoridad y a los recursos ilimitados de Dios.

Después que Moisés salió de Egipto, se unió a una familia en las montañas, se casó con una hija de esa familia y probablemente pensó que su vida ya estaba arreglada. Que aquello era el fin. Lo que Moisés no sabía era que Dios lo estaba mirando. No sabía cuánto iba a cambiar su vida después de ver aquella zarza ardiente.

Lo que espero lograr en este libro es comprender mejor la experiencia de Moisés con la zarza ardiente. Como dije antes, no entenderlo desde un punto de vista pedagógico o filosófico, sino más bien desde un punto de vista teológico. Quiero tratar de entender lo que Moisés experimentó, cómo cambió y transformó su vida, y cómo usted y yo también podemos experimentar el fuego de la presencia de Dios. Si realmente vamos a ser usados por Dios hoy, debemos abrazar la experiencia con nuestra propia zarza ardiente.

Todas las criaturas de nuestro Dios y Rey

Tú, agua que fluye, pura y clara,
Haz música para que tu Señor la escuche.
¡Aleluya! ¡Aleluya!
Tú, fuego tan magistral y brillante,
¡Le das al hombre calor y luz!
¡Alabadle, alabadle!
¡Aleluya! ¡Aleluya! ¡Aleluya!

—San Francisco de Asís (1181/82-1226) /
William H. Draper (1855-1933)

CAPÍTULO 2

El fundamento para experimentar la presencia de Dios

Ahora bien, el punto principal de lo que venimos diciendo es que tenemos tal sumo sacerdote, el cual se sentó a la diestra del trono de la Majestad en los cielos.

—HEBREOS 8:1

Dios todopoderoso, mi corazón anhela tanto por ti y por experimentar tu presencia. Tus palabras en mi corazón hoy serán la plataforma de mi obediencia. En el nombre de Jesús, amén.

Uno de los placeres de mi experiencia cristiana a través de los años ha sido lo que llamo acudir a la presencia de Dios. Nada hace que mi día sea más bendecido que saber que Él no solo está en mí, sino que yo también estoy en Él.

Para aprender lo que significa estar en la presencia de Dios, necesitamos entender la dinámica de su presencia. El libro de Hebreos nos da una imagen de un sumo sacerdote sentado a la derecha del trono «de la Majestad en los cielos» (8:1). ¿De qué se trata esta «Majestad en los cielos»? ¿Y cómo nos preparamos para sentir la zarza ardiente?

El primer paso es enfocar nuestra atención en Dios mismo: qué tipo de Dios fue, es y será. No puedo hacer más que decir que esto es fundamental para nuestra fe cristiana: creer que Dios, la Majestad, está en los cielos. Esto también es fundamental para la sabiduría humana. Si descartamos a Dios de nuestro pensamiento y del universo, entonces ¿somos reliquias curiosas y maravillosas de qué? Nadie lo sabe. Si descartamos a Dios de nuestro pensamiento y del universo, simplemente tenemos profundos anhelos por lo que no es y nunca ha estado.

Esta idea de que Dios existe y es la Majestad soberana en los cielos también es fundamental para la moralidad humana. Existe una gran diferencia entre la persona que teme a Dios y la que duda de su existencia o no cree en absoluto. Creer que somos de Dios nos da una confianza moral ascendente que, de otra manera, no podríamos tener. La expectativa de reportar a Dios cualquier acto pecaminoso realizado en el cuerpo es un gran poder para mantener nuestras almas juntas.

Como creyentes, debemos temer a Dios y saber que Él juzgará toda obra, ya sea buena o mala. No es posible una visión adecuada de la naturaleza humana hasta que creamos que venimos de Dios y que debemos volver a Él otra vez. Debemos tener fe en Dios, la roca sobre la cual hemos sido construidos.

La tradición dice que San Patricio recitaba esta oración todos los días:

> Me levanto hoy a través de una fuerza poderosa,
> la invocación de la Trinidad,
> a través de una creencia en la Trinidad,
> a través de la confesión de la Unidad
> del Creador de la creación.

En efecto, cuando nos levantamos por la mañana, lo hacemos en una fuerza todopoderosa y creyendo en Dios Padre todopoderoso, creador del cielo y de la tierra.

La Biblia enseña que la creación es un universo: todo lo que vemos a nuestro alrededor, desde la estrella más lejana observada por el telescopio más poderoso, hasta la célula más pequeña vista a través de un microscopio. Y todo en este vasto sistema único está unido y funciona de manera armoniosa.

Si todo en el mundo fuera independiente de todo lo demás, tendríamos un cáncer en todo el vasto universo. Pero Dios une todo y lo entrelaza, haciéndolos interdependientes, no independientes.

La Biblia además enseña que este gran sistema entrelazado, este universo (*uni* significa «uno»), tiene un control central. Ese control central se llama el trono de Dios; todo se controla desde ese centro.

Parece lógico que si un organismo, como el cuerpo humano, no tuviera un centro o un control central, sería absolutamente disfuncional. Toda organización debe tener una cabeza o, de lo contrario, no puede haber armonía, coordinación, cooperación ni vida.

Todo lo que es organizado debe tener una cabeza, comenzando con el grupo más simple. El presidente de un grupo debe presidir si solo hay media docena presente. Lo mismo es cierto hasta en el imperio más grande del mundo.

Desde este control central, el trono de Dios, Dios gobierna su universo de acuerdo con un propósito eterno. Su propósito eterno abarca todas las cosas. Esas pequeñas palabras, «todas las cosas», aparecen a menudo en las Escrituras. *Todas las cosas* son más grandes que el cielo y todos los mundos que ocupan. Por lo tanto, tenemos a la Majestad en los cielos, sentada en su trono, así como a alguien a su diestra.

¿Quién es ese alguien? Es Jesucristo, el ministro del santuario, que Dios —no el hombre— hizo. ¿La razón de su presencia allí? En todo este universo interdependiente, interrelacionado y entrelazado, una provincia se rebeló y dijo: «No queremos ser gobernados por la cabeza. No seremos gobernados desde el trono. Nos regiremos a nosotros mismos y construiremos esta gran Babilonia hasta el cielo. No dejaremos que Dios nos gobierne». Esa provincia, que llamamos humanidad, habita la pequeña esfera en movimiento: la tierra.

Con un solo mover de su mano, Dios podría haber eliminado esa provincia, pero ¿qué hizo? Dios envió a su Hijo unigénito para redimir esa provincia y traerla nuevamente a la esfera del trono.

Ningún pecador reconoce el trono de Dios como válido. Al contrario, rechaza el derecho de Dios de gobernar sobre él. Puede hablar de Dios, apelar a Dios, usar el nombre de Dios, pero no obedecerá a Dios. Pero cuando un pecador se arrepiente y nace de nuevo, abandona el viejo mundo —la vieja provincia que se rebeló—, se muda al reino de Dios y mora bajo su gobierno. Así de simple es todo.

Usted no puede entrar al reino por ser bautizado, aunque todos debemos ser bautizados de acuerdo a las enseñanzas de Jesús. No llegamos allí por unirnos a una iglesia, aunque todos debemos hacer eso. Y usted no llega allí porque ore; puede orar hasta el final de su vida, las veinticuatro horas del día, y no llegar allí. Es Jesucristo el Señor quien le saca de la antigua provincia rebelde y le lleva al reino de Dios, bajo el gobierno del trono de Dios nuevamente.

Dios se hizo hombre para rescatarnos, y luego Cristo Jesús perdió su propia vida para traer de vuelta a Dios a los que se habían rebelado.

El mensaje de Dios es que tenemos a alguien sentado en el trono que fue uno de nosotros. Ese mensaje emocionó a la iglesia primitiva. Si esos primeros hombres y mujeres que fueron bautizados por el Espíritu Santo (Hechos 2) estuvieran aquí, nunca los oiríamos hablar sobre las cuestiones políticas e industriales que entusiasman a los ministros de hoy. Hablarían de Dios, el trono y Cristo a la diestra del Padre, la venida de Jesús y la consumación de todas las cosas, la caída de la iniquidad, la purificación del mundo y la limpieza de los cielos.

Esos nuevos cristianos en la iglesia primitiva seguramente proclamaban por doquier: «¿Sabían que uno de nosotros está en una posición igual a Dios —al lado de Dios— en poder y autoridad, y con todo el poder que se le ha dado en el cielo y la tierra?».

La persona que está unida a Dios es victoriosa. Por lo tanto, si estamos en Él, nosotros también podemos salir triunfantes. Los cristianos deben reconocer que su naturaleza se ha unido a la naturaleza de Dios por el misterio de la encarnación. Cuando Cristo murió en la cruz, resucitó y comenzó a unir cristianos individuales a su cuerpo, quería que tuviéramos la misma victoria y el alto privilegio que Él tiene a la diestra de Dios.

Jesús hizo todo lo posible para que las personas incrédulas vean que tienen el mismo lugar en el corazón de Dios que Él. No porque lo merezcamos, sino porque Él lo merece y es nuestra cabeza. Cristo Jesús es el hombre victorioso, el hombre representativo ante Dios, el hombre modelo, después de lo cual somos modelados. Por eso el Señor no nos dejará solos.

Recomiendo que elevemos nuestros ojos a Dios, la Majestad en los cielos, que miremos fija y reverentemente hacia Él, de modo que veamos a la diestra de Dios a uno de nosotros. Que todos digamos: «Si Cristo Jesús está ahí, yo puedo estar allí. Si Él es aceptado por Dios, yo soy aceptado en Él. Si Dios lo ama, Él me ama. Si Él está a salvo, yo estoy a salvo. Si Él ha vencido, yo puedo vencer. Y si Él es victorioso, yo puedo ser victorioso».

Busquemos el rostro de Dios en Jesucristo, recordando siempre que «nadie viene al Padre, sino por mí» (Juan 14:6). Así que, ejercitemos eso. Pasemos al corazón de Dios y vivamos allí victoriosamente.

Ven, Espíritu Santo, inspira nuestros corazones

Ven, Espíritu Santo, inspira nuestros corazones;
Dejemos que tu influencia pruebe:
Fuente del viejo fuego profético,
Fuente de vida y amor.

—Charles Wesley (1707-1788)

CAPÍTULO **3**

Hecho para su presencia

¿A dónde me iré de tu Espíritu? ¿Y a dónde huiré de tu presencia?

—SALMOS 139:7

No importa cuál sea mi situación, oh Dios, ahí estás tú. Tu presencia es el factor de identificación de quién soy. Te alabo por mi identidad en ti. Alabado seas, Dios, en el nombre de Jesús, amén.

La verdad básica que estoy persiguiendo es que Dios nos hizo para que podamos conocerlo, vivir con Él y disfrutar de Él. La raza humana es culpable de rebelión. Hombres y mujeres han roto con Dios. La Biblia dice que estamos extraviados de Dios y que somos extraños a Él. Hemos dejado de amarlo y de confiar en Él y, lo más importante de todo, hemos dejado de disfrutar de su presencia.

Como lo expresó David, el Señor está en todas partes.

¿A dónde me iré de tu Espíritu? ¿Y a dónde huiré de tu presencia? Si subiere a los cielos, allí estás tú; y si en el Seol hiciere mi estrado, he aquí, allí tú estás. Si tomare las alas del alba y habitare en el extremo del mar, aun allí me guiará tu mano, y me asirá tu diestra.

—Salmos 139:7-10

Nadie puede escapar de la presencia de Dios. Sin embargo, experimentar de cerca la presencia manifiesta de Dios es otra cosa. Y es la presencia de Dios la que debemos disfrutar. Eso es lo que Moisés descubrió en la zarza ardiente.

No es suficiente vivir por fe, si con esa «fe» queremos decir sin ninguna manifestación por parte de Dios. Como soy una persona y Dios también es una persona, puedo tener una relación continua con Él.

El hecho de que digamos solemnemente y acongojados: «creo», y no permitimos que Dios responda a nuestra fe, no es prueba de que tenemos una gran fe. Por supuesto, hay momentos en que caminamos por fe y no por vista, momentos en que Dios —por su propia bondad— nos ha ocultado su rostro. Como está escrito en Isaías 54:8: «Con un poco de ira escondí mi rostro de ti por un momento; pero con misericordia eterna tendré compasión de ti, dijo Jehová tu Redentor». Insisto, debemos aprender a vivir en la presencia manifiesta de Dios, que es la diferencia entre el avivamiento y cualquier otro estado de espiritualidad que una iglesia pueda conocer.

Dios quiere manifestarse a su pueblo. En el Antiguo Testamento, tenemos una imagen de esta presencia de Dios llamada tabernáculo. Esto es un reflejo de la zarza ardiente que Moisés experimentó. Incluso podría decir que es el cumplimiento de esa zarza ardiente. Permítame describir brevemente el tabernáculo.

El atrio inferior

El atrio inferior no estaba dentro de la estructura; más bien, estaba afuera y se le conoce como el patio o corte de los gentiles.

Comparo este atrio inferior con las personas interesadas en la religiosidad, pero que están lejos de Dios, quienes —sin embargo— pueden ser practicantes de la religión. Practicando rituales de diversas clases, rezando su rosario, moviendo inconscientemente sus labios —como orando— en un autobús o en un avión. O tal vez mostrando respeto a la religión. Cuando nace un bebé o alguien se casa o se bautiza o realizan un servicio fúnebre, logran llegar a la iglesia. Esas personas respetan simbólicamente la religión, pero no consideran el camino de Dios, la cruz de Dios ni la redención de Dios.

El atrio interior

El siguiente nivel era el atrio interior, donde había un lavacro y un gran altar de bronce, que no era nada bonito. Era como un horno descubierto con una rejilla debajo de donde se pone el fuego y, luego —encima— se coloca el animal y se agita la olla. La bestia se quemaba y despedía un humo desagradable.

Ese altar es donde los corderos, las bestias, la novilla roja y otras criaturas eran llevados al sacrificio.

Cuando atemperamos la manera en que se hacían los sacrificios, cuando empequeñecemos el elemento del matadero referente a ellos, menospreciamos lo que sucedió en la cruz.

Debe haber sido algo desagradable ver a un hombre morir en una cruz a un lado de las colinas de Jerusalén. Los poetas han hecho que la muerte de nuestro Señor luzca tan hermosa que enviemos tarjetas con fotos en la temporada de Pascua. Pero no era una vista hermosa, en lo absoluto. Ahí estaba un hombre desnudo, colgado bajo el ardiente sol de abril, sangrando por sus manos, sus pies, su costado y su frente. Allí un hombre sufría y se retorcía, gimiendo por el dolor de todos nosotros. ¿Por qué estaba ese hombre en la cruz? Porque solo había una cosa peor que eso y era el infierno en sí mismo, a donde los hombres estaban yendo.

Dios envió a su Hijo unigénito para que fuera a la cruz, de manera que detuviera y cerrara las puertas del infierno con el fin de que aquellos que creen en Él no perezcan, sino que tengan vida eterna. Así que no seamos demasiado afables con la muerte de Cristo. Aquel lugar donde murió era un matadero en una colina. Un hombre, el Hijo de Dios, murió en una situación terrible a causa del pecado. Murió de dolor puesto que el pecado es algo doloroso. Murió un hombre condenado al destierro y abandonado, porque el pecado trae destierro y abandono.

El lavacro

En el siguiente nivel del atrio interior del tabernáculo estaba el lavacro. Cuando usted pasaba por el altar, llegaba ante un gran tazón que parecía una enorme ponchera, donde la gente se lavaba. El lavacro se rociaba con agua para lavar todo allí. Más allá del lavacro está el altar donde se sacrificaba el cordero, que era el patio interior. Esta es una imagen del plan de Dios para nosotros. Primero debemos venir de la cruz donde Cristo, el Cordero de Dios, murió y por su sangre experimentamos el lavamiento del agua por la Palabra, lo que nos permite ir al siguiente nivel.

El velo

Los adoradores podían entrar donde estaban el altar y la fuente, pero había otro espacio en el tabernáculo, oculto por un gran velo, donde nadie podía entrar excepto el

Sumo Sacerdote. Porque a menos que usted se arrepienta, no puede ver el reino.

En ese lugar santo había un mobiliario que incluía una luz de siete candelabros. Nuestro Señor dijo: «Yo soy la luz del mundo». Cuando usted viene de la cruz y está limpio y esclarecido, el Espíritu Santo dice que puede ser iluminado. Y allí en el lugar santo, el Espíritu resplandeció con su luz a plenitud.

Detrás del velo había también una mesa sobre la que estaba el pan de la proposición, el pan de su presencia y un altar de incienso.

Tras alimentar a los cinco mil, Jesús le dijo a la multitud que debían trabajar «por la [comida] que permanece para vida eterna» (Juan 6:27 NVI).

«Nuestros padres comieron pan», respondieron los fariseos, refiriéndose al maná que Dios les proveyó en el desierto.

«Sí», dijo Jesús, «pero el pan que comieron sus padres era solo pan temporal. Yo he venido para que tengan pan, y si comen de él nunca morirán».

Ellos dijeron: «Danos ese pan» y Él respondió: «Yo soy el pan de vida».

Sin embargo, muchos le dieron la espalda; no podían aceptar sus palabras. Demasiado doctrinal, demasiado fuerte. Si hubiera habido un orador predicando así, habrían dicho: «Amamos a nuestro hermano, pero vamos a deshacernos de él. Creemos que es demasiado fuerte decir que Jesús es el pan y que comemos de Él». Sin embargo, eso es lo que dice —a través de figuras y tipos simbólicos— en el Antiguo Testamento y en lenguaje directo en el Nuevo Testamento.

El altar del incienso

Detrás del velo del tabernáculo, además, estaba el altar del incienso. ¿Qué era eso que se quemaba en el altar y llenaba esa pequeña habitación con aquel incienso de olor dulce? Era la oración.

Para mí esta es una hermosa imagen. La iglesia de Cristo debería ser un lugar iluminado por la luz del mundo derramada por el Espíritu Santo a plenitud. Un lugar en el que nos reunamos para comer del pan de vida, no solo para tener comunión el domingo, sino todo el tiempo, todos los domingos, mientras el altar del incienso despide un dulce espiral de perfume fragante, grato a Dios y deleitable a sus fosas nasales. Añádase a esto, el sonido de la oración, agradable a su oído y la vista de un pueblo iluminado que se reúne, algo muy grato a sus ojos.

La luz del mundo es Jesús. Los cristianos no tenemos una pequeña luz; poseemos la luz de Dios. Oramos para que los que buscan encuentren la luz en nuestras iglesias. Por esa iglesia, daría todo lo que tengo. Si supiera que ese tipo de iglesia podría estar en el mundo en este momento, no dudaría en darle la sangre de mis venas.

Si andamos y sabemos que recorremos un camino en el que brilla la luz, donde hay pan para comer, donde pronunciamos una oración que llega al oído de Dios con aceptación, estamos en la iglesia.

Amo a la iglesia, porque es una compañía de personas comprometidas con esa fe y ese tipo de creencia.

La sangre limpiadora está aquí para que usted y yo podamos entrar en la presencia multiforme de Dios. La pregunta es, ¿lo hemos hecho? ¿Lo estamos haciendo?

Espero que sí, pero para aquellos que no han experimentado la presencia de Dios, les señalo la cruz donde murió, la sangre que limpia, el Espíritu Santo que es la luz y el Cordero viviente que da el pan. Debo decirle que tiene derecho a entrar en el tabernáculo de Dios y ser sacerdote del Dios altísimo. No necesitamos un Melquisedec ni un Aarón. Sus oraciones pueden elevarse limpias por la sangre, iluminadas por el Espíritu Santo, en la misma presencia de Dios.

Esta es una breve reseña del tabernáculo. Se podría dedicar un libro completo al tema. Lo que quiero hacer es establecer las bases de nuestra experiencia con la zarza ardiente. Podemos acudir a la presencia de Dios por lo que Cristo hizo por nosotros, de modo que disfrutemos de nuestra verdadera identidad en Él.

Amo tu reino, Señor

Amo tu reino, Señor,
La casa de tu morada,
La iglesia que nuestro Redentor bendito
Salvó con su propia sangre preciosa.
—Timothy Dwight (1752-1817)

CAPÍTULO 4

La escuela del silencio nos prepara para la zarza ardiente

Estad quietos, y conoced que yo soy Dios; seré exaltado entre las naciones; enaltecido seré en la tierra.

—SALMOS 46:10

En el silencio de la noche, oh Dios, empiezo a entender mi relación contigo. ¡Oh, qué maravilloso eres en todos los aspectos de mi vida! Alabado seas, en el nombre de Jesús, amén.

Nadie que sepa algo sobre Moisés cuestionaría que era un gran hombre. En este punto de la narrativa bíblica, sin embargo, su grandeza estaba oculta, poco desarrollada y no manifestada para él. Podríamos decir que una gran carrera estaba por abrirse ante Moisés. Debía ser muchas cosas para demasiadas personas durante mucho tiempo. Puede parecer exagerado el caso, pero es difícil exceder a Moisés. Era profeta, tanto que se dijo que Cristo era un profeta como Moisés. Era legislador. Recibió de Dios el código moral más grande jamás dado a la humanidad por ministración de los ángeles. Han surgido grandes códigos morales. Muchos, familiarizados con el pensamiento y la historia de los griegos, saben que Licurgo le dio a Esparta un sistema de leyes que duró unos quinientos años. Luego está la Constitución de los Estados Unidos, el mayor documento creado por la mente del hombre. Allí se encuentra un gran sistema de leyes, pero el mayor de todos fue el que Dios dio a través de Moisés.

Moisés se hizo famoso como el emancipador, liberador de esclavos, líder, estadista y maestro de todos los tiempos. Él iba a ser todo eso porque ya estaba bien preparado.

¿Alguna vez se ha detenido a pensar que, en ese momento de su vida, Moisés estaba tan bien educado que podría haber sido obispo en cualquier denominación o ansiosamente buscado como pastor? Moisés era muy bueno en todo, fue educado en la corte del faraón con toda la sabiduría de los egipcios. Pudo haber sido un gran político. Hay algo en las cortes de la realeza. Algo un poco diferente, y es que las personas que han estado allí y expuestas por un tiempo a ese ambiente nunca más vuelven a ser las mismas. Criado a los pies del gran Faraón, este hombre —Moisés— fue llamado hijo de la hija de Faraón y se sentó en las rodillas de muchos potentados, monarcas y figuras reales que ocupaban la gran tierra de Egipto en aquellos tiempos.

Tras huir de Egipto, Moisés realizó un curso de posgrado mucho mejor que su educación a los pies de los grandes maestros de Egipto. Fue a la escuela del silencio, ante las ovejas y ante las estrellas de los cielos. Todas esas noches, antes de que el sueño lo alcanzara, escuchaba el silencio y aprendía a conocerse a sí mismo.

En la civilización actual, nosotros —los modernos— lo sabemos todo menos conocernos a nosotros mismos. No nos conocemos porque no podemos callarnos lo suficiente. Viaje en un avión a algún lugar y sus oídos seguirán zumbando durante las próximas cinco horas. Dios sacó a ese hombre del ruido y lo puso en el silencio, donde podía escuchar sus propios latidos. Ese fue un curso de posgrado nada parecido al que hoy recibe usted en las escuelas.

Más tarde, David entendió eso cuando escribió: «Estad quietos, y conoced que yo soy Dios» (Salmos 46:10). David descubrió quién era realmente cuando se dio cuenta de quién era Dios. Ese conocimiento de Dios debe surgir de la quietud y el silencio de nuestras vidas. Debemos hacer a un lado todo lo demás y permitir que el silencio abra nuestros corazones y nuestras mentes.

Moisés tardó cuarenta años en la montaña del silencio para librarse de Egipto. Durante esos cuarenta años comenzó a comprenderse a sí mismo y se dio cuenta de que Dios lo estaba guiando y dirigiendo. No tenía aspiraciones futuras en ese momento de su vida. Estaba haciendo lo que pensaba que estaría haciendo por el resto de su vida, y ese silencio lo llevó a un lugar sin ninguna expectativa de su parte.

Moisés fue a las ovejas en busca de silencio. La Biblia no duda en decirnos que vayamos a los animales inferiores para aprender de ellos lecciones de vida. «¡Anda, perezoso, fíjate en la hormiga! ¡Fíjate en lo que hace, y adquiere sabiduría!» (Proverbios 6:6 NVI), dijo el Espíritu Santo a través del profeta. Nuestro Señor indicó: «Considerad los lirios, cómo crecen; no trabajan, ni hilan; mas os digo, que ni aun Salomón con toda su gloria se vistió como uno de ellos» (Lucas 12:27). E Isaías afirmó que Israel no era tan sabio como el buey que vivía donde estaba su pesebre y que regresaba todas las noches al pesebre de su amo (Isaías 1:3).

Insisto, podemos ver que no era raro que el Señor enviara a las personas a la escuela de los animales. Pero Moisés, ese erudito con una capacidad intelectual tremenda, una educación elitista egipcia y un entrenamiento en la corte de Faraón, no estaba preparado para lo que Dios tenía pensado cuando fue enviado a la escuela entre las ovejas.

Ralph Waldo Emerson escribió, en su ensayo llamado *Naturaleza*: «Si el hombre quiere estar solo, que mire las estrellas». Moisés podía mirarlas toda la tarde y toda la noche, cuando le interesaba y cada vez que despertaba por la noche. Cuando quiera soledad pura, soledad absoluta, mire las estrellas; porque ellas no hacen ruido, simplemente arden en su magnificencia.

Emerson también expresó: «Si las estrellas solo aparecieran una noche en mil años, ¡cómo creerían y adorarían los hombres y preservarían por muchas generaciones el recuerdo de la ciudad de Dios que se había mostrado! Pero todas las noches salen esos enviados de belleza e iluminan al universo con su asombrosa sonrisa». La razón por la que prestamos tan poca atención a la ciudad de Dios que brilla allí es porque hay mucho ruido y muchas distracciones.

Sin embargo, para Moisés, todo lo que entendió en cuanto a lo sagrado en la quietud del desierto y bajo las estrellas no era nada en comparación con lo que descubrió, arrodillado ante la zarza ardiente. Eso destaca la importancia de que descubramos la zarza ardiente nosotros mismos. Antes de esa experiencia, Moisés era como cualquier otra persona en lo referente a reverencia. La santidad y la reverencia no son cosas que podamos crear por nuestra propia experiencia humana. Sin esa experiencia de la zarza ardiente, tenemos una gran pérdida.

La mayor pérdida que ha sufrido el hombre moderno no es la de sus extremidades. La pérdida del hogar, por trágica y terrible que sea, no es la mayor que algunos de nosotros hemos sufrido. La pérdida de la lealtad y la del cumplimiento de la ley; todas esas son pérdidas, pero surgen de otra que es básica para ellas. Estas no son las peores pérdidas que podríamos experimentar. Lo peor es perder la noción de lo sagrado.

Me aflijo cuando entro a una iglesia evangélica promedio. Hay muy poco de Dios en ella. Nunca incline la cabeza con reverencia a menos que se haya disciplinado deliberadamente para hacerlo porque no hay una noción de santidad. Todo vale, pero esta es una pérdida demasiado terrible incluso para ser evaluada. El mundo ha escondido a Dios de nuestra vista y el secularismo ha tomado el control. Hemos secularizado la adoración, el evangelio e incluso a Cristo. Digo que es una pérdida grande y trágica, por lo que ningún gran hombre puede salir de ese tipo de cosas. Ningún gran movimiento puede surgir de ese tipo de asuntos. Dios puede tener que barrerlo y comenzar en otro lugar.

El tipo de avivamiento que necesitamos hoy es uno que abogue por la reverencia y la santidad en la presencia de Dios. Esto debe suceder personalmente y luego pasar al entorno de la iglesia. Esa falta de santidad y reverencia se ha convertido en un muro que nos impide experimentar la presencia de Dios.

La adoración siempre conduce a un extraordinario momento de santidad y reverencia. Deberíamos quitarnos los zapatos, dejar a un lado todo lo demás y enfocarnos en aquel que se nos revela en ese momento.

La iglesia cristiana de hoy ha perdido la esencia de lo que se trata la adoración. La adoración no tiene nada que ver con despertar un entusiasmo emocional. Si se trata de una verdadera adoración, llevará a la persona o al grupo de personas a un punto de absoluto silencio y reverencia en su presencia. Aparte de eso, no estamos experimentando a Dios.

Nuestra adoración dominical matutina debe ser la culminación de la devoción que practicamos durante toda la semana. Si lo que hacemos el domingo por la mañana no se puede hacer el resto de la semana, quizás lo que hagamos el domingo no sea una verdadera adoración a la vista de Dios. Charles Finney, el gran evangelista, fue un predicador apasionado por Dios, no hay duda de ello. Cuando sintió que el fuego comenzaba a replegarse en su vida y en su ministerio, detuvo todo lo que estaba haciendo, se fue al bosque, se arrodilló ante Dios y se quedó así hasta que el fuego regresó.

Mi recomendación para la iglesia cristiana de hoy es convocar una moratoria de todas las actividades y enfocarnos en adorar hasta que el fuego descienda y nos envuelva en lo sagrado de su presencia.

Lo que Moisés era antes de la experiencia con el fuego no era nada comparado con lo que fue después. El gran hombre usado por Dios fue creado frente a esa experiencia de la zarza ardiente. Y ese fuego nunca se apagó por el resto de la vida de Moisés. La experiencia fue absolutamente una crisis para Moisés.

Lo alabaré

Entonces el fuego de Dios sobre el altar
De mi corazón fue encendido.
Nunca dejaré de alabarlo.
¡Gloria, gloria a su nombre!
—Margaret Jenkins Harris (1865-1919)

CAPÍTULO 5

El fuego en la zarza ardiente

Y se le apareció el Ángel de Jehová en una llama de fuego en medio de una zarza; y él miró, y vio que la zarza ardía en fuego, y la zarza no se consumía.

—ÉXODO 3:2

Oh Dios, tú que eres fuego consumidor, arde en lo profundo de mi corazón y mi alma para que pueda conocerte como eres digno de ser conocido. Amén.

Dios tuvo que darle a Moisés una experiencia personal vívida e íntima de sí mismo. Moisés tuvo que encontrarse con Dios en la crisis del encuentro.

No tengo la costumbre de usar palabras sin pensarlas. Por eso, tomé cuidadosamente las dos palabras —*crisis* y *encuentro*— y las uní con la pequeña palabra *del*.

Nuestro problema viene cuando se nos habla del reino de Dios. Llegamos al reino de Dios a través de predicadores amables con un Nuevo Testamento marcado, que nos dicen lógicamente cómo podemos convertirnos. Sin embargo, no insisten porque las almas no saben que hay tal cosa como encontrarse con Dios en la crisis del encuentro, como lo hizo Moisés aquí en una vívida experiencia personal.

No es que veamos con nuestros ojos externos, sino que vemos mucho más vívidamente con los internos. No se disculpe nunca por lo que vea con sus ojos internos. Estos son los verdaderos ojos, los reales; sus ojos externos pueden engañarle. Mire la luz de la luna y es probable que vea algo parecido a un fantasma. Este se convierte en una mula blanca o en una oveja atrapada en un arbusto. Sus ojos externos le engañan, pero los ojos internos no hacen eso nunca.

Cuando Pablo fue llevado al tercer cielo vio, pero no con sus ojos externos. Si hubiera visto con los ojos de la carne, se habrían quemado esos ojos. Porque vio con los ojos de su corazón. Si es con los ojos de nuestro corazón que el hombre interior se encuentra con Dios, no nos disculpemos por eso. Cuando este hombre exterior se haya convertido en polvo y el viento del cielo lo haya soplado, el hombre interior lo liberará mirando el rostro de Dios. Para ser lo que Dios quería que fuera, Moisés tuvo que tener un encuentro con Dios.

¿Cómo se reveló Dios a Moisés?

Dios se le reveló como fuego. Dios es invisible e inefable, y no puede decirnos qué es, solo puede decirnos cómo es. Por eso, nos dice que es como el fuego. Dios no es fuego, aunque la Escritura dice que nuestro Dios es fuego consumidor. Eso no significa que Dios —física, metafísica y ontológicamente, como dirían los teólogos— es fuego. Los seguidores de Zoroastro, llamados *chebers o guebers,* y entre *los parsis* de India creen eso, por lo que se arrodillan y adoran a una llama de fuego en un altar. Pero sabemos que Dios no es fuego, ya que el fuego es destructor. El fuego puede derribar un edificio o cocinar un estofado. Dios no es ese tipo de fuego, pero es como el fuego.

El fuego es la ilustración más cercana a lo que se parece a Dios y la manera en que este puede decirles a sus pobres —y medio ciegos— hijos cómo es Él. Por eso es que Dios apareció aquí, en el crepúsculo, entre llamas de fuego, y Moisés se arrodilló ante Él. Dios habló desde el centro de la zarza y Moisés vio, sintió y experimentó ese encuentro con Él. Dios le encargó que fuera y libertara a Israel, que recibiera la ley, que organizara la nación más grande del mundo de la cual debía proceder el Mesías y que diera a conocer su nombre por los siglos, todo debido a un encuentro con Dios.

Lo importante es comprender el efecto de esta experiencia, el efecto de la presencia de Dios. Debemos recordar una cosa, el fuego en la zarza no era Dios. El fuego en la zarza era Dios habitando en ella y brillando a través de las llamas. Era la presencia de Dios y Moisés experimentó a Dios allí. Dios ya no era simplemente una idea para el hombre. Con demasiada frecuencia, Dios es solo una idea para la persona promedio, como lo había sido para Moisés hasta ese momento. Aunque Moisés era un judío ortodoxo, solo había percibido a Dios de una manera intelectual. Ahora experimentó a Dios personalmente y Dios se convirtió en una experiencia real, no ya solo a nivel intelectual.

Frente a nosotros hay al menos dos tipos de conocimiento. Hay un conocimiento que proviene de las Escrituras. Luego está el conocimiento que proviene de la experiencia. Usted puede describir una cosa, demostrar que tiene conocimiento de ella, y puede extender ese conocimiento a otros. Sin embargo, otra cosa muy distinta es experimentarlo. Usted puede describir la batalla, pero el muchacho que enfrenta el terror de los disparos, los proyectiles, el gas y el fuego es el que la vive y estos, los que la experimentan, dicen muy poco al respecto.

Tres de nuestros hijos estuvieron en esos conflictos y hablan muy poco al respecto. Es sorprendente, los Tozer suelen ser tan habladores como nadie, pero no dicen mucho acerca de esa experiencia por la que pasaron;

solo dijeron unas pocas cosas cuando volvieron y no más después de eso.

Cuando usted tiene esa clase de experiencia, es tan vívida que no puede rehuir de ella toda la vida. Cuando Moisés experimentó a Dios, dejó de ser historia para él. Dios era una personalidad importante. El trágico colapso en los círculos cristianos es la sustitución de la doctrina por la experiencia. Nos hemos vuelto muy buenos para explicar la doctrina, pero eso dista mucho de experimentar esa presencia de Dios.

La Biblia nunca se dio como un fin en sí misma, sino como el camino que nos lleva a Dios. Cuando la Biblia nos lleva a Dios y lo experimentamos en la crisis del encuentro, entonces la Biblia ha cumplido su trabajo. Sigue funcionando, pero ha hecho su trabajo final. No es suficiente que memorice las Escrituras. Algunas personas memorizan la Palabra de Dios, pero nunca se han encontrado con el Dios que escribió esa Palabra. Pueden citar capítulos enteros, pero el mismo Espíritu que inspiró la Palabra nunca los ha inspirado. La Biblia solo puede ser entendida adecuadamente por el mismo Espíritu que la inspiró. Para mí, memorizar pasajes enteros de las Escrituras es inútil, a menos que continúe por medio de esas Escrituras para encontrarme con Dios en la crisis del encuentro.

El mayor ministerio que cualquier iglesia puede tener es experimentar a Dios y luego compartirlo con todos los demás: «Yo he experimentado a Dios, usted también puede sentirlo y vivirlo». Podemos conocer a Dios así como Moisés conoció la zarza; podemos conocer a Dios como el conejo conoce la parcela de arbustos verdes;

podemos conocer a Dios como un bebé conoce el pecho de su madre; podemos conocer a Dios por sí mismo. Si no hiciera nada más en este libro, me conformo con inquietar los corazones del pueblo de Dios para que, al final, aquellos que están al límite, que no saben dónde están, lo sepan por el evangelio, por la sangre del Cordero, por el poder de la expiación, por la fe y en la Biblia y dentro de ella, podemos conocer a Dios por sí mismo.

Mi fe mira hacia ti

Que tu rica gracia imparta
Fuerza a mi corazón desmayado,
Que inspire mi celo.
Como has muerto por mí,
Oh, que mi amor por ti
Sea puro, cálido e inmutable,
Un fuego vivo.

—Ray Palmer (1808-1887) /
Lowell Mason (1792-1872)

CAPÍTULO 6

Lecciones de la zarza ardiente

Viendo Jehová que él iba a ver, lo llamó Dios de en medio de la zarza, y dijo: ¡Moisés, Moisés! Y él respondió: Heme aquí.

—ÉXODO 3:4

Mi corazón, oh Dios, está abierto a ti para seguir instrucciones, sean las que sean. Mi vida descansa en tu enseñanza y me consagro a la obediencia incondicional. Amén.

Observe el fuego en la zarza y las lecciones que Moisés obtuvo de ello. No sé si llegaron a él como punto uno, dos, tres, cuatro y cinco, al igual que enseñan algunos predicadores. Solo sé que las lecciones le llegaron en una repentina y maravillosa experiencia ardiente; el fuego habitaba la zarza.

Lo importante aquí es que eso no era algo que Moisés esperaba. Había pasado cuarenta años en la ladera de la montaña observando las ovejas y, durante ese tiempo, estoy seguro de que vio muchos zarzales encendidos en fuego con mucha naturalidad. Esa zarza, sin embargo, era una atracción —para él— que no podía explicar.

Tras cuarenta años lejos de Egipto, era el momento de Dios para iniciar la siguiente etapa en la vida y el ministerio de Moisés. Dios nunca llama a quienes están equipados. Más bien, equipa al llamado. Moisés fue llamado por Dios para hacer una obra que él nunca podría imaginar. A los ochenta años, Moisés creía —estoy seguro— que estaba en el ocaso de su vida. El resto de su vida lo pasaría entre las ovejas en las montañas.

Sin embargo, Moisés vio la zarza, al ángel que estaba cerca de la zarza y al fuego que ardía en la zarza, pero el fuego no la consumía. Por lo tanto, Moisés tuvo que apartarse y examinar aquello.

El fuego en la zarza representa lo que tiene que ver nuestra experiencia con Dios. En el centro de todo ello está el señorío de Jesús.

Pablo llamó a eso el misterio y la esperanza de gloria, Cristo en usted. El doctor A. B. Simpson predicó: «Cristo en ti, la esperanza de gloria» como el objetivo de nuestra fe. Algunas iglesias decían que era un fanático. Otros afirmaban: «Eso es maravilloso». Y llegó un nuevo impulso debido a que la doctrina de morar en Cristo fue presentada y predicada una vez más.

El arbusto de acacia que Dios hizo arder estaba completamente indefenso en el fuego. Usted nunca conocerá a Dios como debería hasta que se rinda a sus manos, hasta que no pueda escapar de Él. Mientras pueda correr e ir a un lugar seguro, no está en las manos de Dios. Mientras pueda retroceder, siempre que haya un puente detrás de usted, puede retirarse. Es como un pobre roedor que no tiene ni siquiera dos agujeros. La razón de eso es que ningún roedor está seguro de sí mismo. Nunca se ha establecido; siempre en busca de una segunda posibilidad.

Me parece que muchos hijos de Dios son como los roedores excavadores que a los granjeros les encanta cazar. Tienen más de un lugar donde esconderse. El granjero se dirige a un hoyo, mientras que el roedor estará a casi medio kilómetro de distancia sentado y comiendo tranquilamente porque tiene más de un hoyo, más de un lugar para esconderse.

Como cristianos, queremos seguir a Dios, pero también queremos un segundo plan en caso de que no funcione.

Dios es el último recurso para la mayoría de nosotros. Pero aquí estaba un arbusto que no podía cambiar su curso, no podía evadir el plan para el que fue hecho. El cristiano feliz, atrapado por el Señor, no puede escapar porque no quiere hacerlo y ha quemado todos sus puentes en todas las direcciones. No hay otro camino a seguir. Cuando Elías estaba en la montaña, se burló de los profetas de Baal hasta el punto que los enfureció. Si Dios no hubiera enviado el fuego y confirmado la fe de su siervo, Elías habría sido hecho pedazos. Elías levantó la vista y dijo, en efecto: «Dios, o me usas ahora o me voy antes que me destrocen». Y Dios envió el fuego sobre el altar.

Algunos cristianos no están en ningún lugar con Dios, en absoluto. Están rondando por las orillas porque nunca se han comprometido completamente. La razón por la que algunas personas son ejemplos tan pobres del cristianismo es porque nunca tuvieron la puerta cerrada. Usted puede salir cuando quiera y volver. Algunos ocultan la furtiva idea de que tal vez tengan que hacerlo en cualquier día. Usted puede caminar con el Señor siempre y cuando las cosas sean normales, pero cuando se encuentra en una situación difícil, no pierde su tiempo en eso.

Dios se reveló como fuego. Dios es inescrutable e inefable. Es esas dos cosas. Usted no puede alcanzarlo con su mente. Este neoracionalismo que pasa por la teología cristiana y el evangelicalismo está tratando de descifrar a Dios con nuestro entendimiento. Y usted no puede hacer eso. Solo puede experimentar a Dios. Dios se eleva infinitamente por encima de la posibilidad de que cualquier hombre lo agarre intelectualmente.

Dios se presenta mediante figuras y símiles, y una de sus favoritas parece ser el fuego. Recuerde que Dios vino a Israel como fuego. El fuego de noche y la nube de día. Más tarde, en el tabernáculo, habitó entre las alas de los querubines como fuego. A lo que ellos llamaron la shekinah, la presencia de Dios.

Luego, en Pentecostés, cuando el Espíritu Santo se derramó sobre aquellos ciento veinte, perpetuó esa idea de Dios como fuego, y cada uno de esos discípulos salió con una llama de fuego en la frente. El mismo fuego, la presencia del Dios todopoderoso. No es un impulso salvaje e irracional, como algunas personas creen.

La presencia misma de Dios es fuego, por lo que ahora Dios quería mostrarle a Moisés quién era y llevarlo a experimentar un encuentro consigo mismo. Si alguien es propenso a evadir la palabra *experiencia*, ese no soy yo. Porque creo en la experiencia.

Defino la experiencia como el conocimiento personal y consciente de algo por parte de alguien. En nuestro relato, ese alguien es Moisés y el alguien al que conocía es Dios. Moisés no estaba inconsciente cuando la zarza ardiente surgió; esta se escurrió en su subconsciente de alguna manera. Más bien, estaba despierto y consciente de lo que estaba sucediendo, ya que tuvo un encuentro con Dios que lo cambió, tanto que nunca más fue el mismo. Moisés experimentó a Dios y, desde ese momento, Dios ya no era una teoría para él. Dios ya no era conocimiento por descripción, ahora era conocimiento adquirido por experiencia o por conocimiento personal.

Recuerdo una historia sobre el filósofo escocés Thomas Carlyle (1795-1881), que recorría el jardín con un nuevo ministro. Lo agarró con su brazo y le dijo: «Reverendo, lo que esta parroquia necesita es alguien que conozca a Dios de otra manera que no sea por rumores».

Estoy convencido de que muchos de nosotros conocemos a Dios solo de oídas. Él es lo que queremos que sea o esperamos que sea más que lo que sabemos que es debido a un encuentro espiritual.

Hay un trágico colapso, en los círculos evangélicos, debido a la manera en que hemos usado la doctrina como un sustituto de la experiencia espiritual. La experiencia espiritual debería ser la consecuencia de la doctrina. Pero hacemos que la doctrina sea lo último. Y si podemos recitar el credo y conocer las notas en nuestra Biblia de estudio, creemos que estamos listos. Pero mucha gente se detiene ahí y nunca pasa a experimentar a Dios. La doctrina bíblica es un camino que nos lleva a Dios, pero hay muchos evangélicos dormidos al lado de la carretera. Y puesto que están en la carretera o cerca de ella, se hacen llamar evangélicos.

Para mí, evangélico es alguien que no solo cree en el credo del cristiano, sino que también experimenta al Dios del cristiano. Y debería haber profetas en el día en que vivimos que declaren que Dios puede ser experimentado. Que podemos conocer a Dios. Que no tenemos que hacer de Él una deducción lógica de las premisas. Que podemos sentir a Dios como sentimos a nuestros hijos.

Durante uno de mis viajes, mi hijo se reunió con mis cuatro nietos en el aeropuerto. Podía mostrar quiénes eran por deducción, pero cuando me agarraron, supe que eran mis nietos por experiencia.

Creo que Dios puede ser conocido profundamente en el corazón por la experiencia espiritual. Dios quería decirle algunas cosas a Moisés. Y lo hizo. Él dominó a Moisés ahí, le quitó la confianza en sí mismo, lo estremeció y luego lo levantó. Ese siempre es el método de Dios. Algunas de esas cosas que le enseñó a Moisés, quiere enseñárnosla hoy, si es que vamos a ser usados por Dios.

Una es que el fuego habitaba en la zarza y la zarza estaba a merced del fuego, es decir, aceptaba la autoridad del fuego. Sepa que tener un credo es algo muy bueno, pero nunca llegará a nada hasta que el credo le retenga. Mantener la doctrina de Dios es muy bueno. Es mejor que ser ateo. Pero hasta que Dios le abrace y le use como una extensión de sus propias manos, no ha de estar donde debería. Y eso se indicó aquí o se nos enseñó en la bella figura, si no en un tipo, de que el fuego habita en la zarza.

Soy un gran creyente en el Cristo que mora en nosotros. Como está escrito en Colosenses: «Cristo en vosotros, la esperanza de gloria» (1:27). No solo Cristo mora en usted, eso es cierto. Sino que Cristo en usted, es la esperanza de gloria. El problema de la persona que quiere interpretar la personalidad de otro no me incumbe. Me siento bendecido con muchas cosas que otras personas no entienden. Y admito que tampoco las entiendo, pero las veo bien. Y Dios me bendice, como dijo el hermano, sin mucha provocación. Así que, obtengo ayuda. Recibo mucha ayuda y hay muchos problemas que evado.

Un pastor anglicano acudió a mí una vez y me dijo: «Tozer, me gustaría hacerte dos preguntas. Primero, ¿cómo explicas el problema del Dios eterno entrando en el tiempo? Y la segunda es: ¿Qué se entiende por la luz que ilumina a cada hombre que viene al mundo?».

Le dije: «Doctor, en cuanto a la primera pregunta, para mí el modo en que el Dios eterno puede entrar en el tiempo y hacerse carne para habitar entre nosotros ni siquiera es un problema». Ni consideré el asunto.

Sobre la segunda pregunta, tenía una opinión al respecto. Pero el problema de la compenetración de la personalidad fue resuelto hace mucho tiempo por el hierro en el fuego. Ponga una plancha en el fuego y sople los carbones encendidos, y muy pronto tendrá fuego en la plancha. Ninguno de los dos pierde su esencia. El hierro sigue siendo hierro y el fuego sigue siendo fuego, pero los tiene fusionados con la experiencia. Y si el fuego se apaga, todavía tiene los dos.

Así que, Dios entra en el seno humano, fusiona su personalidad divina, no creada, con la personalidad creada que es su Hijo. No se vuelven metafísica ni ontológicamente uno, sino que se vuelven empíricamente uno.

El fuego, la incandescencia refulgente de la presencia de Dios en el pecho de un hombre, hace que se parezca un poco a Dios, por lo que hay mucho de Dios en él y acerca de él. Pero, sin embargo, él no es Dios y Dios no es hombre. Por siempre y para siempre, Dios sigue siendo Dios, y el hombre sigue siendo hombre. Y, sin embargo, sus personalidades están unidas.

Dios estaba tratando de decirle eso a Moisés y nos lo está diciendo a nosotros.

Reavívanos de nuevo

Avívanos de nuevo;
Llena cada corazón con tu amor;
Que cada alma se reavive
Con fuego de lo alto.

—William P. MacKay (1839-1885) /
John J. Husband (1760-1825)

CAPÍTULO 7

El fuego transfiguró la zarza

Yo soy el Dios de tu padre, Dios de Abraham, Dios de Isaac, y Dios de Jacob. Entonces Moisés cubrió su rostro, porque tuvo miedo de mirar a Dios.

—ÉXODO 3:6

Oh Padre, te alabo, porque tú llegada a mi vida no fue porque sea una persona importante. Mi significado proviene únicamente de la presencia ardiente del Espíritu Santo en mi vida. Amén.

L a zarza solo era un matorral espinoso. Supongo que había millones de ellas sobre la expansión del desierto y no valían nada. Eran como nuestros arbustos de acacia que no vale la pena mirarlos dos veces. Sin embargo, la llama transfiguró ese arbusto en particular hasta que se convirtió en la zarza más famosa de toda la historia. No obstante, su gloria no era suya; su gloria derivaba del fuego que moraba en su interior. Ella absorbió el resplandor, la gloria y mantuvo esa gloria durante todos esos años. La gente habla sobre la zarza ardiente, el artista pinta la zarza ardiente y nosotros predicamos sobre la zarza ardiente. ¿Por qué? ¿Porque era un gran arbusto? No, no era un gran arbusto, era que en él había un gran fuego.

¿Alguna vez se ha detenido a pensar en todos los hongos, los insectos, las larvas y los gusanos que perecieron en esa zarza ardiendo? No, no hay nada más que arbusto y fuego.

No soy un experto en medicina. He leído sobre los microbios resistentes al calor que pueden hervir durante dos horas y aun así no mueren. Sin embargo, nada puede soportar el fuego severo; todo ser vivo muere en el fuego. Hay males que moran en las personas que pueden resistir la presencia del avivamiento, de las reuniones evangelísticas y de las reuniones de oración. Sin embargo, ningún pecado puede resistir la presencia del Dios que mora en el interior. Una consecuencia del cristianismo es que Dios toma a las personas comunes, y al vivir en ellas, las transforma, dándoles sentido y significación. Dwight L. Moody era un vendedor de zapatos sin educación y sin elocuencia. Un día, el Espíritu Santo vino sobre él —en las calles de Filadelfia— y siguió su camino como un hombre transfigurado.

A menudo pienso en mi amigo Thomas Haire de Lisburn, Irlanda, el plomero que oraba. Solía arreglar tuberías y decir: «Van a ser cuatro dólares». Tom no tenía educación formal. Pero, ¿por qué, cuando lo veían venir, sabían que Dios estaba en el vecindario? Cuando se arrodillaba, uno sabía que Dios respondía su oración. ¿Por qué hablaban de él en toda Europa y América? ¿Por qué le escriben cientos de cartas pidiéndole su oración? Porque Dios entró en Thomas Haire y lo transfiguró. Era solo un arbusto de acacia y habría muerto y olvidado con todos los arbustos de acacia irlandeses de la Isla Esmeralda. Pero el Espíritu Santo vino y se apoderó de él.

La zarza fue transfigurada por el fuego. Solo era un matorral. Moisés lo había visto cientos de veces, pero ese arbusto, de repente, se convirtió en la zarza más famosa de toda la historia. Su gloria fue una gloria derivada. Dios no hizo grande a la zarza, simplemente se metió en ella y se hizo grande en la zarza. De modo que la zarza llamó la atención de todos.

Moisés se volteó hacia un lado para ver aquella zarza transfigurada y todo adquirió un significado especial. Su significado está allí. Por naturaleza se relacionaba con todas las otras zarzas de acacia, pero nadie habla de esas. Todos hablan de esa zarza, ¿por qué? Porque tenía el fuego adentro.

Una de las cosas más tristes que conozco es el anonimato del hombre promedio. Emerson dijo que el hombre y la mujer promedio son solo una pareja más. Salga a las autopistas o baje a las esquinas de las calles o a las áreas alejadas de la jungla, donde quiera que vaya, este u oeste, norte o sur, encontrará miles de personas arrastrándose como pinzas de ropa animadas sobre la faz de la tierra. Nacen, tienen un poco de alegría y luego mueren. No tienen rostro, carecen de sentido y significado.

Cuando Jesucristo se apodera de una persona, lo primero que hace es darle significado. Le da valor. Le da identidad. Dios habita en el hombre y se transfigura en el fuego. Y el hombre sin rostro tocado por el Cristo poderoso ahora adquiere sentido y significado. El nuevo converso más humilde en el Valle Baliem, de Nueva Guinea, está más en el reino de Dios que Churchill y todo el resto del mundo porque ha adquirido un significado que nunca tuvo antes y que nadie puede tener excepto por el fuego.

Respira en nosotros, Señor de la vida

Respira sobre mí, aliento de Dios,
Hasta que sea completamente tuyo.
Hasta que esta parte terrenal de mí
Brille con tu fuego divino.

—Edwin Hatch (1835-1889) /
Robert Jackson (1842-1914)

CAPÍTULO 8

El fuego protegió la zarza

Y respondió Dios a Moisés: YO SOY EL QUE SOY. Y
dijo: Así dirás a los hijos de Israel: YO SOY me envió
a vosotros.

—ÉXODO 3:14

*Oh Padre, ¿a dónde puedo ir para encontrar la seguridad que
hay en ti? Te alabo por protegerme cada día, por la ardiente
presencia del Espíritu Santo en mi vida. Ningún mal puede
tocarme a causa de ti. Amén.*

Ningún mal podría molestar a esa zarza mientras el fuego estuviera en ella. ¿Alguna vez pensó que alguna cabra hambrienta se acercaría a esa zarza al recorrer los pastos en el crepúsculo? Estoy seguro de que las cabras buscaban otros arbustos, pero no se acercaban a ese. Y, sin duda, los insectos resplandecían por los alrededores, pero no se acercaban a la zarza. Esta estaba perfectamente segura mientras el fuego habitara en ella.

Creo en la separación, pero no en el aislamiento. No creo que sea la voluntad de Dios para los creyentes evangélicos que se aíslen de las otras personas. Si usted no interactúa con un no cristiano, ¿cómo puede hablar con él acerca del Señor? ¿Cómo vamos a ayudar a alguien aislado de esa forma? No, de ninguna manera. Debemos estar separados ciertamente, pero no aislarnos. Debemos recordar que no tenemos el fuego a nuestra discreción.

El monasticismo fue un error histórico. Sus defensores decían: «Tengo mi fuego, ahora voy a tener que tomarlo y guardarlo». Lo rodeaban con una mano para que el viento no lo apagara y se iban al monasterio. Eso fue un gran error. Los honro por su intención, pero eso no habla mucho de su conocimiento de las Escrituras.

Simeón Estilita, el Viejo, fue el ejemplo más horrible de un esfuerzo por mantenerse bien una vez que se alejó de las personas. En el año 423 de la era cristiana, se subió a una columna de diez metros de altura y permaneció ahí más de treinta años. Ahí estaba, nunca bajó ni siquiera para bañarse. Nunca bajó por nada. Pensaba que estaba siendo santo. Los amigos lo alimentaban allá arriba. Me habría muerto de hambre si hubiera tenido que hacerlo yo, pero le pasaban la comida con una soga.

El Hijo de Dios, que caminaba entre hombres, publicanos y pecadores, que habló junto al pozo con una mujer caída, era santo y puro porque la pureza estaba dentro de Él. Nos volvemos puros y seguros por el fuego permanente. No nos volvemos seguros ocultándonos. No soy muy aficionado a volar. Quizás nací treinta años antes de tiempo. Sin embargo, hay veces que tengo que volar. Recientemente, volé en lo que llaman una llovizna gris. Mientras me dirigía hacia el avión, dije: «Ahora, Señor, estoy en tus manos. Es Chicago o la gloria. Uno o la otra».

Tengo muchas razones para creer que un hombre o una mujer están perfectamente seguros mientras el fuego de la presencia de Dios habita en él. Nadie puede lastimar a un cristiano. Nadie puede comunicarse con un cristiano a menos que el Señor lo quiera. Cuando el diablo quería tentar a Job, dijo: «Dios, tienes un vallado alrededor del hombre». Tenía que pedir permiso para pasar. Dios abrió el cerco y el diablo se deslizó, y entró para tentarlo. Así que, ningún hijo de Dios puede ser lastimado si tiene el fuego morando en él.

¿Qué fue lo que protegió a la zarza? El fuego. Si eso hubiera sucedido hoy, habríamos celebrado una reunión de cuatro días, habríamos hablado, chismorreado y luego aprobado algunas resoluciones para construir una cerca de alambre alrededor de la zarza, con el fin de que nadie la molestara. Aquel arbusto no necesitaba ninguna cerca de alambre ni revestimiento de vidrio, porque nadie lo molestaba mientras el fuego estaba dentro.

Como dije antes, no había una cabra en ninguna parte de Asia Menor que se atreviera a oler esa zarza. No se acercaba lo suficiente porque su nariz se habría quemado con el calor. De modo que se mantenía alejada, perfectamente segura.

El cristiano no tiene que defenderse. Algunos deberían practicar abriendo sus puños; desplegándolos. Usted podría haber sido un luchador toda su vida. De forma que, si cualquiera dijera algo en su contra, usted esté listo para levantarse, escribirle una carta y decir: «¿Qué quiere usted decir? ¿Está atacando mi carácter?». Imagínese a la zarza escribiendo cartas y diciendo: «Me están atacando».

Nadie atacaba a la zarza; no podían porque estaba perfectamente segura mientras el fuego habitaba en ella. Si un zopilote rondara en círculos buscando un lugar para iluminarse en el crepúsculo, no se iluminaría con esa zarza. Sus plumas se habrían chamuscado muy rápido porque, en aquella zarza, había un verdadero incendio. La seguridad no reside en las constituciones, los estatutos, las regulaciones ni en el orden de la iglesia, sino en la presencia de Dios en pleno.

Si Dios habita en la iglesia, esa iglesia es una iglesia segura. Es por eso que nunca me uno a los grupos que quieren ir a la capital del país, Washington DC, con el fin de luchar por la iglesia. Nunca me uniría a los hermanos de mentalidad ecuménica que quieren ir y ser representados ante el Congreso.

Tenemos a Dios en medio de nosotros; así que, cuando tenemos fuego en la zarza, estamos a salvo y la iglesia está a salvo; a salvo por el Espíritu Santo.

Todas las criaturas de nuestro Dios y Rey

Tú, agua que fluye, pura y clara,
Haz música para que tu Señor la escuche.
¡Aleluya! ¡Aleluya!
Tú, fuego tan magistral y brillante,
¡Le das al hombre calor y luz!
¡Alabadle, alabadle!
¡Aleluya! ¡Aleluya! ¡Aleluya!

—San Francisco de Asís (1181/82-1226) /
William H. Draper (1855-1933)

CAPÍTULO 9

La zarza cobró hermosura con el fuego

Sea la luz de Jehová nuestro Dios sobre nosotros, y
la obra de nuestras manos confirma sobre nosotros;
sí, la obra de nuestras manos confirma.

—SALMOS 90:17

*Oh Dios, Padre nuestro, te busco para poder conocerte en la
belleza de tu sagrada revelación. Que tu fuego arda dentro de
mí y elimine todo lo que perturbe esa belleza en mí. Amén.*

Los antiguos filósofos griegos, a pesar de todos sus hechos, no tuvieron revelación alguna. A veces, en su ceguera, se equivocaban acerca de la verdad. Ellos pensaban que la belleza era parte de la verdad en alguna manera y que estaba cerca de Dios. Creían que, en algún lugar, era una virtud central, y que debido a que somos intelectuales, había un intelecto central. Y pensaban que en alguna parte había una belleza principal.

Moisés sabía que la había. Por eso dijo: «Sea la luz [la belleza] de Jehová nuestro Dios sobre nosotros». Y ahí había un arbusto de acacia que nadie habría traído a casa ni plantado en su patio. No tenía belleza, pero ahora era hermoso porque brillaba con la luz. Un antiguo himno dice: «Quédate oh belleza sin crear, siempre antigua, siempre nueva». La belleza de Dios estaba ahí. Cuando Jesús bajó para hacerse hombre, sus vestimentas olían a mirra, áloe y casia, directamente de los palacios de marfil.

Usted es llamado a ser una zarza ardiente. Estamos en el ocaso del mundo y hay personas como Moisés, solas, que buscan a alguien que se parezca a Dios. Alguien que tenga fuego. Una persona solitaria en algún lugar puede estar mirando en dirección a usted.

Por desdicha, el cristianismo poco atractivo ha hecho más para alejar a las personas de Cristo que todo el liberalismo en el mundo. Soy evangélico, y si se esfuerza un poco, analiza eso y lo explica en detalles, soy aun más: soy fundamentalista. Soy un esencialista y un creyente en el cristianismo histórico, en la fe de nuestros Padres, la que aún vive. Sin embargo, hasta que el cristianismo evangélico pase y se encuentre con Dios en el fuego y haga que Dios arda y brille en su interior, vamos a tener todos estos problemas, los cuales no los resolveremos en reuniones ni en conferencias. Lo siento, pero no puedo creer que los vamos a resolver. Porque no son técnicas ni métodos a seguir, es Cristo y su Padre: Dios y el hombre en Dios, y Dios en el hombre. El fuego del Espíritu Santo arderá a través de una gran cantidad de problemas que no podría resolver en miles de foros de discusión.

¿Dónde están los santos hoy? ¿Siente el deseo de ser uno de ellos? Lo extraño y maravilloso es que cuando usted lo es, no lo sabe. Esa zarza no sabía nada sobre su atractivo. Ahí estaba, simplemente quemándose y no lo sabía. Los grandes santos no sabían que eran santos. Sonreirían, le regañarían y le perseguirían si usted les decía que eran santos; aunque no lo creían, lo fueron. La luz y la belleza de Jesús moraban en ellos.

No somos llamados a ser grandiosos. No somos llamados a ser hermosos. Puede haber hermosura en el fuego, pero no en su valentía ni su coraje. Nuestro llamado debería ser a convertirnos en zarzas ardientes. Mi recomendación para aquellos que se sienten llamados a la obra de Dios es evitar las costumbres groseras de los evangelistas y aficionados baratos, que llevan el espíritu del mercado, del banco y del entretenimiento a la iglesia. Evítelos, aléjese de ellos.

Escuché al rector de una universidad bíblica, en una charla seria, decir que en los círculos evangélicos estamos sufriendo una epidemia de amateurismo. Cualquiera puede levantarse y hablar. Ah, el amateurismo, la vulgaridad, la ignorancia, el humor barato, no un destello de ingenio ocasional para despertar a la audiencia, sino payasadas baratas. Insisto en que lo evite y que se mantenga alejado de eso.

Ya tenemos suficientes promotores; necesitamos profetas. Ya tenemos suficientes organizadores; necesitamos hombres y mujeres que hayan conocido a Dios en la crisis del encuentro. Tenemos suficientes pugilistas convertidos para atraer multitudes y verlos flexionar sus bíceps; necesitamos personas en las que arda el fuego.

La persona más sensata de hoy es la que más conoce a Dios; la mente más saludable del mundo es aquella en la que el fuego habita más perfectamente.

Cuando usted habla del fuego que habita en la zarza, de la gloria de Dios y de la dulzura del Señor en lo alto y elevado, el mundo dice: «Está loco». Usted está hablando perfectamente bien, pero el mundo no entiende su idioma, por eso la gente piensa que está un poco mal. Sin embargo, lo bueno de eso es que después, por lo general, se acercan a usted.

Quizás esto sea lo más importante para nosotros en nuestro trabajo como creyentes. Esa zarza se hermoseó en el fuego. Moisés, muchos años más tarde, escribió: «Sea la luz [la belleza] de Jehová nuestro Dios sobre nosotros». Me pregunto si Moisés no estaría pensando en la belleza de Dios en aquella zarza, esa hora solemne y maravillosa cuando vio a Dios y lo encontró en el fuego.

Agustín de Hipona escribió lo siguiente en su obra *Confesiones:*

¡Tarde te he amado, oh belleza siempre antigua, siempre nueva, te he amado tarde! Estabas dentro de mí, pero yo estaba afuera, y fue ahí donde te busqué. En mi falta de encanto, me sumergí en las cosas preciosas que creaste. Estabas conmigo, pero yo no estaba contigo. Las cosas creadas me alejaron de ti; sin embargo, si no hubieran estado en ti, no lo habrían estado en absoluto. Llamaste, gritaste y rompiste mi sordera. Brillaste, resplandeciste y disipaste mi ceguera. Respiraste tu fragancia sobre mí; contuve el aliento y ahora jadeo por ti. Te he probado, ahora tengo hambre y sed de más. Me tocaste y me quemé por tu paz.

Como escribí anteriormente, el fuego que Moisés encontró purificó la zarza, de modo que todos los insectos y las larvas perecieron. El fuego quemó todo su negocio.

Como granjero que fui, sé que hay muchos huéspedes en los arbustos promedio. Hay todo tipo de vida, desde el hongo, y toda clase de insectos y gusanos debajo de las hojas, hasta las larvas o las orugas sin eclosionar. Ahí están, pero encienda un fuego en un arbusto durante cinco minutos y no quedará nada vivo en él. Y no habría habido una zarza si Dios no la hubiera preservado. El fuego preservó la zarza a través de todo. Nadie puede pararse ante el fuego de la presencia de Dios, ya que ningún ser vivo puede permanecer en medio de las llamas.

Dios es la santidad que necesitamos. Algunas personas piensan que la santidad es algo que se obtiene por sí mismo y se guarda para no perderla. No, la santidad es nada menos que el Dios santo que habita en un corazón humano, y el corazón será santo porque Dios está ahí. La zarza no tenía pureza propia. Cuando el fuego se apagó en ella, sin duda antes del día siguiente, otros insectos volvieron a invadirla.

Creo que la presencia de Dios ardiendo en el seno humano purifica ese seno. Mientras arda sin trabas, los males que solían seguirnos y eran parte de nuestra personalidad se quemarán, y no habrá nada más que cenizas blanquecinas para mostrar dónde solían estar.

Nada puede resistir al fuego vivo. Toda vida muere ante el fuego. Hay males en el pecho, pero ninguno puede soportar la presencia del avivamiento y las reuniones de oración. Ningún pecado puede resistir la presencia del Dios que mora en el interior.

Supongo que si tuviéramos que aprobar un cuestionario y pedirle a la gente que defina la *santificación*, obtendríamos innumerables definiciones. Por esa razón, no puedo permitirme el hecho de involucrarme en disputas doctrinales sobre el concepto de la palabra. Pero creo que Dios quiere que su pueblo sea santo. Yo creo eso. No creo que la santidad esté separada de Dios. Dios es santo y solo Él es santo. Y donde está Dios, hay santidad; y donde Dios no está, solo estamos nosotros. Y no hay nadie que pueda intentar hacerlo de otra manera, excepto como la zarza que fue purificada por el fuego.

Búscame, oh Dios

Te alabo, Señor,
Por limpiarme del pecado;
Cumple tu palabra,
Y hazme puro por dentro.

Lléname de fuego
Donde una vez ardí de vergüenza;
Concede mi deseo
Para magnificar tu nombre.

—J. Edwin Orr (1912-1987)

CAPÍTULO 10

Los muros que ocultan la presencia de Dios

Oh Dios de los ejércitos, restáuranos; haz resplande-
cer tu rostro, y seremos salvos.

— SALMOS 80:7

Oh Dios, es tu rostro el que busco sinceramente cada día. No lo escondas de mí. Déjame acercarme a tu presencia y disfrutar de tu sonriente faz. Amén.

No deje que nada ni nadie le aleje del glorioso conocimiento del rostro de Dios.

Como cristiano, el rostro sonriente de Dios se torna en dirección a usted. La pregunta es, ¿por qué no disfrutamos de esa relación? ¿Por qué, como cristianos, no estamos captando la maravillosa iluminación divina de nuestro Salvador, el Señor Jesucristo? ¿Por qué no sentimos el fuego divino en nuestros corazones, ni nos esforzamos por percibir y experimentar el sentimiento de nuestra reconciliación con Dios, así como el conocimiento de eso? ¿Por qué no nos posesionamos de ello?

La razón es porque entre nosotros y el rostro sonriente de Dios hay un muro de oscuridad.

No hay un solo día en que el sol no brille. Hay días oscuros, días brumosos y días que se ponen tan oscuros que tiene que encender las luces. Sí, hay días oscuros y, sin embargo, el sol brilla tanto como en el día más claro y brillante de junio. ¿Por qué entonces no brilla en la tierra? Porque entre el sol y la tierra hay un muro de oscuridad. El sol está bien y está allá arriba sonriendo ampliamente, tan resplandeciente, ardiente y radiante como siempre, pero no llega a la tierra debido a que hay un muro de oscuridad.

¿Cómo podemos definir ese muro de oscuridad? Sabemos qué es desde el punto de vista del clima, pero ¿cómo se aplica a los cristianos?

Ese muro de oscuridad es lo que permitimos que nos cubra como cristianos. ¿Qué es ese muro? La expiación fue efectuada; no hay nada que podamos hacer porque todo ya está hecho. No se necesita derramar otra gota de sangre, no se necesita otra lanza que penetre al sagrado corazón, ni una lágrima ni un gemido ni una gota de sudor. No es momento para agonías, la muerte no tiene más dominio sobre nosotros; consumado es, está terminado para siempre. El rostro de Dios brilla sobre nosotros.

Por tanto, ¿qué es ese muro? Puede ser una cosa, pueden ser muchas cosas, pero esa pared puede ser la voluntad propia.

La voluntad propia es algo muy religioso. Puede entrar con usted a la iglesia cuando se reúne con los demás, cuando se retira a su habitación a orar, pero sigue siendo la voluntad propia. La voluntad propia es bondadosa solo cuando se sale con la suya. Es gruñona y de mal genio sobre todo cuando se contraría.

¿Es suficiente su entrega a Dios para que pueda ser espiritual aun cuando se contraríe?

Otro muro es la ambición, incluso la religiosa. Las personas son religiosamente ambiciosas por algo, tal vez no por voluntad de Dios, sino por su propio engrandecimiento. El resultado es un muro que se interpone sobre ellos, entre ellos y su Dios.

No solo escribo acerca de esto en referencia a otros. La ambición es algo a lo que he tenido que renunciar. Debo estar listo en cualquier momento para dimitir de mi pastorado y dejar que desaparezca en cualquier sermón que predique o en cualquier posición que adopte. Mi trabajo como editor de la revista *Alliance Weekly*, mi posición en el mundo religioso, todo tiene que estar listo para que lo abandone. Si tengo algo, es un muro sobre mi cabeza, un muro que se convierte en una oscuridad en la que nada penetra. La gente trata de orar, pero usted no puede hacerlo; nada puede penetrarlo. Hay quienes intentan abrirse paso rápidamente, pero eso no se puede hacer.

Esta idea moderna de que si usted ora lo suficiente todo le irá bien simplemente no es correcta. En 1 Samuel 16, hallamos a Samuel orando por el rey Saúl, a quien Dios ya había rechazado. Dios, en esencia, pone su mano sobre la boca de Samuel y le dice: «Samuel, no ores más por Saúl, no ores por él».

Otro ejemplo lo vemos en Josué 7, cuando Josué está acostado boca abajo, orando. Dios le dice: «¿De qué sirve acostarse boca abajo? No honro a un hombre acostado boca abajo. Levántate y lidia con la situación y tu muro, y luego te bendeciré y te salvaré de todo lo que te aqueja».

El problema es que tenemos la idea de que podemos orar para derribar ese muro mientras seguimos aferrados a nuestras ambiciones.

Otro muro es el llamado miedo.

El miedo siempre es hijo de la incredulidad, no importa por qué se asuste usted, ya sea por miedo a tener cáncer, o a que su hijo se enferme, o miedo a perder su trabajo o a la posibilidad de que estalle una guerra. El miedo sobre su cabeza es un muro de oscuridad y le oculta el sonriente rostro de Dios.

Otro muro es el amor propio.

Podríamos hacer un chiste con esto, pero no deberíamos hacerlo porque el amor propio es un muro de oscuridad. Incluso el cristiano que se ha entregado a Cristo, que ha creído y que está convertido, puede mantener ese muro de oscuridad sobre sí por el simple hecho de amarse a sí mismo. Amarse uno mismo duele tanto como si uno se cayera de algo. Otros pecados particulares son el engrandecimiento personal y la admiración propia; mientras permanezcan en usted habrá un muro de oscuridad.

Otro muro es el dinero.

El dinero, en estos tiempos, se interpone entre Dios y nosotros; y puede causar algunos problemas realmente serios.

Un evangelista, hace años, señaló que solo se necesitan dos monedas de diez centavos para impedir que usted vea un paisaje. Llévese dos monedas de diez centavos a las Grandes Montañas Humeantes. Vea la cima y póngase un centavo frente a cada ojo. Las montañas seguirán allí sonriendo al sol, pero usted no las verá por el centavo que está frente a cada uno de sus ojos. No se requiere mucho dinero. Los que no tenemos mucho siempre hacemos comentarios sarcásticos acerca de las personas ricas. Pero usted puede ser rico y solo tener diez dólares porque, si es entre usted y su Dios, ese muro le oculta de Él.

Otro muro es la gente.

El Señor nos dice que no debemos temer a ningún hombre vivo. Sin embargo, hay cristianos que tienen un muro de miedo sobre ellos constantemente porque quieren encajar en la sociedad. Tienen miedo a estar separados. Si adaptarse a la sociedad es su objetivo, tiene un muro sobre su corazón. La Palabra de Dios debe definir la iglesia, no la sociedad.

Además, están los amigos, las posiciones y los seres queridos, y eso es quizás lo más difícil con lo que todos tenemos que lidiar. Usted dice: «Y luego, ¿qué hago con esto? Si este muro está sobre mi cabeza como un muro de oscuridad y mi Padre me está sonriendo y no puedo ver su rostro, ¿qué debo hacer?».

Dios llama a ese el muro del olvido. Y dijo que coloque ese muro que está encima de usted debajo de sus pies y habrá un muro de olvido.

Fue el apóstol Pablo el que dijo: «Hermanos, no pienso que yo mismo lo haya logrado ya. Más bien, una cosa hago: olvidando lo que queda atrás y esforzándome por alcanzar lo que está delante» (Filipenses 3:13 NVI). Para Pablo, «esas cosas» eran un muro entre él y Dios, pero él las puso detrás de sí. Sus derrotas, sus errores, sus torpezas, sus equivocaciones, sus agravios, las veces que cayó de bruces y el momento en que el Señor trató con él por su orgullo, y todo eso fue puesto detrás de él y bajo sus pies como un muro de olvido.

El trabajo de los cristianos es poner ese muro de olvido bajo nuestros pies. Algunos entienden y harán algo al respecto. Otros no van a entender y, como los israelitas, volverán al desierto preguntándose por qué hay arena en sus zapatos. Recuerde que Dios todavía está sonriendo y esperándole dentro del velo, para cambiar la forma de hablar, Él está esperando que usted se mueva.

Ahora ponga todo esto bajo sus pies: dinero, personas, amigos, posición, seres queridos, miedo, todo lo que reclamo y llamo mío, ambiciones, orgullo, terquedad, voluntad propia y cualquier otra cosa que el Espíritu Santo pueda señalar en mi vida. Cualquier rival que haya, es un muro entre Dios y yo. No digo que no estemos unidos a Él. No digo que no tengamos justificación. Lo que digo es que esta maravillosa iluminación divina, esta habilidad para amarlo perfectamente y alabarlo dignamente ha sido desechada, eliminada y dejada de enseñar a nosotros por generaciones. Nos falta porque no ponemos bajo nuestros pies el muro de la oscuridad. Dejamos que se levante entre nuestro Dios y nosotros. Si ponemos todo eso debajo de nosotros, veremos que eso oculta todo nuestro pasado, todo lo que nos ha molestado y todo lo que nos ha avergonzado, preocupado y afligido; todo eso está allá abajo, afuera y se ha ido, y no hay nada más que el cielo despejado arriba.

Cristo no tiene que morir de nuevo. Ninguna otra cruz debe ser erigida nunca más. No es necesario agregar valor a la expiación, el rostro de Dios sonríe a su pueblo, a pesar de que los muros lo ocultan.

Jesús caminaba entre los hombres, en aquellos tiempos, con los ojos resplandecientes y su visión aguda. Él les dijo: «Lo que sea que les digan, háganlo porque tienen razón teológica, pero no sean como ellos». Y ellos dijeron: «Mataremos a ese hombre» y lo hicieron. Pero resucitó al tercer día y envió al Espíritu Santo al mundo; Espíritu que es mío y suyo: es nuestra dulce posesión.

No permita que nadie le diga a usted cuánto puede tener. Solo Dios puede decirle eso. No deje que nadie le lleve a un lado y le diga que no se emocione, que no se haga fanático porque tiene todo lo que necesita. No deje que nada de eso le suceda.

Tan cierto como que Dios vive, si continuamos en la dirección en que nos hemos estado moviendo en los círculos evangélicos, lo que ahora es fundamentalismo se convertirá en liberalismo en poco tiempo. Tenemos que recuperar al Espíritu Santo y tenemos que mostrar el rostro de Dios resplandeciendo. Las velas de nuestra alma están ardiendo brillantemente. Percibir, sentir y conocer la maravillosa iluminación divina de aquel que dijo: «Yo soy la luz del mundo», ¿le convierte en un fanático? Vamos, dejemos que los pequeños fanáticos surjan y se gocen en el Señor.

Si eso es fanatismo, qué dulce fanático hace eso de un hombre; qué maravillosa felicidad es ser fanático. Bueno, eso no es realmente fanatismo. Fanatismo es cuando uno se rebela contra las Escrituras, imagina cosas, hace cosas extrañas y malinterpreta la Palabra de Dios. Si no está dispuesto a poner ese muro de amor propio, de miedo, de terquedad, de orgullo, de codicia y de ambición bajo sus pies, entonces no hay nada que pueda hacer. Todo está hecho, no puede subir al cielo en una escalera, no hay nada que pueda hacer.

Yo acepto, Él se compromete

Agarro la mano del Amor divino
Reclamo la amable promesa mía,
Y agrego a la suya mi aprobación,
«Acepto». «Él se compromete».

—A. B. Simpson (1843-1919)

CAPÍTULO 11

Conéctese con la zarza ardiente

No mirando nosotros las cosas que se ven, sino las que no se ven; pues las cosas que se ven son temporales, pero las que no se ven son eternas.

—2 CORINTIOS 4:18

Oh Padre, te alabo porque te has revelado a mi corazón. Mis ojos no son iguales ante tu presencia. Llena mi corazón con tu presencia todos los días. Amén.

No hace falta mucha inteligencia para saber que Pablo, el hombre de Dios que habló cuando el Espíritu Santo lo conmovió, contrasta dos tipos de visión. No nos aconsejó que intentáramos ver lo invisible a simple vista. No, es el ojo externo el que ve lo visible y el ojo interno el que ve lo invisible. Pablo dice que hay una mirada, una, que tiene que hacerse con el ojo interno, no con el externo.

La vida que nos rodea está cargada de misterio. Toda la calidad de vida proviene de la parte misteriosa de la existencia misma. La parte que puede explicarse no expone completamente la parte de la vida que realmente debe valorarse. Podemos estudiar anatomía y biología, y saber todo sobre niños y bebés. Pero eso no explica por qué la gente ama a los bebés. No hay ninguna explicación. Puede pintar, escribir poesía y orar hasta que se ponga azul y, sin embargo, hay un matiz, un arco iris de color emocional que hace que los bebés sean preciosos para nosotros. Y así es con casi todo. Hay cierta gloria en las cosas imponderables, las cosas instintivas, las cosas que no se aprenden. Las cuales le dan sentido a la vida. La gloria de nuestras vidas, aquello para lo que vivimos, reside en lo intangible, lo que solo podemos ver con el ojo interior.

Tomemos, por ejemplo, a dos hombres: un granjero y un artista; los dos caminan poco a poco para ver a sus amigos en una tarde de octubre. El granjero ve el maíz y el ganado engordado, por lo que hablará gratamente acerca de tener que traer una máquina para trabajar y, además, dirá que es tiempo de mudar cien cabezas de ganado a otros pastizales. Lo que él ve es lo que puede comprar y vender, poner en el vagón y evaluar en términos de dólares y centavos.

Entre tanto, en la misma caminata, el artista va encantado. Observa el ganado, pero no sabe cuánto cuesta cada cabeza. Ve el maíz, pero no tiene idea de lo que vale. Lo que ve no se puede medir ni comprar ni vender; sin embargo, le da valía a la vida en el mundo.

El granjero ve el asunto de poder vivir físicamente en el mundo en función de tener leche, carne y verduras. Pero el otro hombre dice: «Sí, usted hace posible que vivamos en el mundo. Pero *¿por qué* vivir en este mundo?». El cielo azul, las nubes y las hojas de colores le dicen por qué.

Usted no puede explicar ni escribir un libro que trate acerca de si vale la pena vivir o no. Eso lo sabe todo el que ha sentido la emoción del amor y ha conocido la gloria que le pertenece a Dios. Usted no puede probarlo; solo lo sabe.

Agarre, por ejemplo, a un perro que ande corriendo en la noche y que, por un momento, eche un vistazo rápido al cielo estrellado. Los perros tienen ojos y vista; tienen buenos ojos y pueden ver bien. El perro ve la luna pendiendo en lo alto y ve las estrellas. Pero ¿qué hace al respecto? Nada en absoluto. Solo busca un animal al que pueda derribar y comérselo. Pero ve las estrellas.

David habla sobre las estrellas en la noche, la luna y el firmamento, y lo que dicen sobre Dios para siempre, cantando mientras brillan: la mano de Dios hizo todo esto.

Ambos ojos percibieron los cielos, pero los del perro no vieron nada. Los ojos del poeta espiritualmente inspirado —David— vieron la maravilla y la gloria de todo. Es eso intangible, lo que usted no sabe que está ahí porque es humano, y Dios le hizo a usted y le estampó con la imagen real de Él mismo.

Hay otro mundo aparte de este, pero no es este. Usted puede tenerlo todo, y perder su propia alma y no ser nadie. Ciertamente, esa es la esencia misma del Antiguo y el Nuevo Testamento. Y, sin embargo, los hombres —por sus ocupaciones— no se lo han tomado muy en serio. Invierten el texto del apóstol que dice: «Las cosas que se ven son temporales, pero las que no se ven son eternas» y lo tergiversan y editan un poco. Y aunque estarían de acuerdo en que eso es cierto, en su vida demuestran que cuando lo citan, lo dicen así: «Porque las cosas que son invisibles e impalpables son bastante inestables e irreales. Pero las cosas que ves, ellas son las reales».

Ellos hacen que la gente dirija la atención de Dios a la tierra y del cielo a este velo de sufrimiento y aflicción. Ponen énfasis en las cosas que se pueden ver y dicen: «No nos hablen de cosas invisibles». Ellos nos hablan de cosas que podemos meternos en la boca. Como cuánto más queremos tener. Queremos tener autos más grandes, granjas más grandes, mejor ganado. Las mujeres y los hombres quieren vestirse mejor. Queremos que nos paguen más y trabajar menos horas. No nos hablen del cielo. Queremos saber sobre la tierra.

Eso me recuerda lo que dijo el apóstol Pablo:

Sin embargo, hablamos sabiduría entre los que han alcanzado madurez; y sabiduría, no de este siglo, ni de los príncipes de este siglo, que perecen. Mas hablamos sabiduría de Dios en misterio, la sabiduría oculta, la cual Dios predestinó antes de los siglos para nuestra gloria, la que ninguno de los príncipes de este siglo conoció; porque si la hubieran conocido, nunca habrían crucificado al Señor de gloria. Antes bien, como está escrito: Cosas que ojo no vio, ni oído oyó, ni han subido en corazón de hombre, son las que Dios ha preparado para los que le aman. Pero Dios nos las reveló a nosotros por el Espíritu; porque el Espíritu todo lo escudriña, aun lo profundo de Dios.

—1 Corintios 2:6-10

Y aquí es el punto en que nos separamos de aquello que dice: «Danos más de esto ahora. Danos lo que podemos ver, pesar, medir, sentir y tocar». Llegamos a la sabiduría que afirma: «Debo tener algo que ver, oír y tocar». Soy un ser humano. Dios me ha dado un cuerpo que, como los autos, tiene que ser llenado con gasolina de vez en cuando. A veces tengo que recargarlo, por lo que no despreciaré el humilde regalo de Dios de calabazas, maíz y ganado engordado. No lo despreciaré, pero solo diré que lo que se ve es temporal, mientras que lo que no se ve es eterno.

El infortunio del mundo ha sido su esclavitud a las cosas visibles. Afligiendo a los hombres en todas partes del orbe en todo momento, no solo por parte de las religiones, sino también de los filósofos que no eran particularmente religiosos, quienes sostenían que esta era la principal maldición del mundo, que somos víctimas de las cosas que podemos ver. Nos hemos dejado encadenar a las cosas visibles y es un gran error sostener que ellas son la realidad definitiva. Creen que no, pero son evanescentes, pasan como una sombra a través del prado en un día nublado, cosas que no se ven, cosas eternas. Las cosas que se ven son grilletes y cadenas que la raza humana lleva atadas en los tobillos y nos impiden que podamos volar, no permitiendo que nuestras débiles alas nos levanten.

Cuando hablo de misticismo, refiriéndome solo a la palabra de Dios, no le pido a nadie que considere el mundo de los sueños. No creo en un mundo de sueños ni uno imaginario. No creo en nada ficticio. Quiero ser capaz, cuando hablo de algo, de ir y decir: «Mira, ahí está, de eso es de lo que estoy hablando».

Cuando las Escrituras dicen que la fe es la evidencia de las cosas que no se ven, no se refieren a un lugar en el que usted se esconde. No es un retiro de la realidad. Es una puerta de entrada a la realidad donde vemos las cosas reales. No le estamos pidiendo a nadie que acepte cosas imaginarias ni ficticias. Les pedimos que construyan su fe en lo que es. Abraham vio una ciudad que tenía una base cuyo constructor y creador era Dios, pero nunca la vio con sus ojos externos. La vio con sus ojos internos. Eso no fue algo imaginario. No le estamos pidiendo que se vuelva un soñador y que escriba poesía al respecto. Le decimos: «Abraham, mira, hay una ciudad. Mira rápido, no la verás por mucho tiempo. Ahí está. Eres un hombre ocupado y solo podrás echar un vistazo, pero ahí está». Abraham miró rápidamente y lo vio con sus ojos interiores.

Alguien dijo después que Abraham no viviría en esa ciudad nunca; sin embargo, vivió en una tienda de campaña. No podía soportar ninguna ciudad después de compararla con la que había visto. De modo que, en lugar de fantasmas y hadas, creemos en la realidad. Dios revela el mundo real, con su sustancia. Algo que no se puede ver con el ojo externo, pero se puede experimentar con el ojo interno. Esa es la única y definitiva realidad.

Eso hace que me maraville la sabiduría del cristiano. No deberíamos mirar con asombro y sorpresa a las grandes mentes. El apóstol Pablo dijo que eran los «gobernantes de este mundo» (1 Corintios 2:6). Y el mismo Pablo fue una de las mentes más grandes de la historia. Sin embargo, no necesitamos acudir a las grandes mentes de nuestra generación para que nos ayuden a entender a Dios o a su Palabra.

El cristiano tiene sabiduría, pero no la de este mundo. El cristiano penetra, atraviesa, ve, toca y maneja cosas que no se ven. Ha aprendido a distinguir lo que tiene valor de lo que no lo tiene. Ha aprendido a juzgar las cosas. Por eso es que ya no desperdicia su dinero.

El cristiano sabe lo que es real y lo que no lo es. El mundano no conoce ni la sombra de la sustancia. A veces dará su vida a una sombra y al final encontrará que se ha perdido la sustancia. Pero el cristiano sabe dónde está la sustancia. Dios le ha dado ojos de rayos X, con los cuales puede ver a través de las sombras, y no perderá su tiempo en sombras, talentos, dinero ni esfuerzos. El cristiano ya encontró la realidad eterna. Puedo decirle que no sé lo que está en mi corazón. Aunque supongo que está en el de todos, pero nunca me permitiría descansar a menos que supiera que la eternidad estaba en eso. No voy a estar aquí por mucho tiempo, usted tampoco, para que demos nuestro tiempo a lo que no podemos conservar.

«¿No le dijo el diablo a Jesús: todo esto te daré, si postrado me adorares?». Jesús, sin una moneda en el bolsillo ni un centavo en el banco, le dijo: «Vete, Satanás, porque escrito está: Al Señor tu Dios adorarás, y a él sólo servirás».

Vivimos para lo invisible, para Dios, para Cristo, para el Espíritu Santo.

Todo hombre debe morir y presentarse a juicio. Y si no hay nada más allá de eso, entonces me niego a preocuparme, me niego absolutamente. Jesucristo vino al judaísmo y encontró una religión dedicada a las carnes, las bebidas y a las ordenanzas carnales. Tenía un corazón, un alma y un espíritu, pero también tenía muchos ejemplos externos y sombras de cosas celestiales.

Jesucristo nuestro Señor barrió con todas las sombras, sacó a la luz la vida y la inmortalidad a través del evangelio, proyectando lo eterno en lo temporal y lo imperecedero en lo pasajero, y dijo: «Voy a preparar un lugar para ti... para que donde yo estoy, allí tú también puedas estar». Hablaba de eso como cualquier hombre que se refiere a una casa que compró o a la granja que posee; hablaba en términos reales. Pero dijo que eso era algo espiritual, por lo que barrió hasta con las sombras. Dijo que Dios es espíritu y que podemos adorarlo en espíritu y en verdad.

Jesucristo llegó a un judaísmo que estaba encerrado en esas cosas, por lo que las barrió todas. Él dijo que el reino de los cielos está dentro de usted y que si adora a Dios, debe hacerlo en espíritu y en verdad; además, dijo que donde dos o tres estén reunidos en su nombre, allí está su iglesia. Y permitió que usemos dos símbolos visibles: el pan y el vino. Pan para hablar de mi cuerpo destrozado, dijo, y vino para hablar de mi sangre derramada. Y cada vez que se reúnan, el mundo se ha de preguntar qué están haciendo, y se asomarán para ver y le han de ver comiendo el pan, bebiendo el vino y reflexionando en mí.

Así que, para los débiles que no pueden entender las cosas, pero cuya fe exige un poco de apoyo del exterior, Él dijo: Muy bien, pan y vino, te doy esto. Te daré esto ahora. Las veces que lo hicieres lo harás en memoria de mí. Pero esto, en sí mismo, no es nada. Es lo que representa, lo que simboliza. Es el anillo en el dedo de la novia para recordarle que su novio está en la gloria esperándola. Estos símbolos lo dicen: la realidad es eterna.

Dios mío, qué maravilloso eres

Dios mío, qué maravilloso eres,
Majestad, qué resplandeciente;
Qué hermoso tu propiciatorio,
En las profundidades de la luz ardiente.

—Frederick William Faber (1814-1863)

CAPÍTULO 12

Habite en el lugar secreto del Altísimo

El que habita al abrigo del Altísimo morará bajo la sombra del Omnipotente.

—SALMOS 91:1

Tu palabra, oh Dios, es una lámpara a nuestros pies. Guíanos y dirígenos en este momento por el camino que escojas. Ayúdanos a encontrar ese lugar secreto y a vivir allí en la seguridad de tu presencia. En el nombre de Jesús, amén.

No sé con certeza si Moisés escribió el Salmo 91, pero necesito incluirlo en este libro porque si lo escribió, creo que el salmo es una demostración de cómo fue su vida después de la experiencia con la zarza ardiente.

Lo que Moisés está tratando de transmitir en el Salmo 91 es la idea de que estar en la presencia de Dios no es una experiencia única y ya no más. Desde ese momento, Moisés anduvo en el lugar secreto del Altísimo. Caminó en la presencia de Dios.

La zarza no era Dios. El fuego no era Dios. Dios estaba en la zarza y en el fuego, pero eso fue solo por un momento en el tiempo. Después de eso, Moisés tenía dentro de sí la presencia de Dios dondequiera que iba.

Esto explica por qué el arrojo y la valentía de Moisés fueron utilizados por Dios para sacar a Israel de Egipto. Esa fue la razón por la que pudo enfrentarse a Faraón y a todos los egipcios sin dar un paso atrás.

Creo que lo que Dios quiere que entendamos es que cuando lo encontramos y vivimos su presencia, esa es una experiencia que cambia la vida, por lo que nunca más seremos los mismos. Experiencia que nos permitirá hacer por Dios lo que solo Dios puede hacer a través de nosotros. Moisés comienza este salmo diciendo: «El que habita al abrigo del Altísimo morará bajo la sombra del Omnipotente». Esto es bastante importante y explica mucho la vida de Moisés. Estamos caminando, viviendo y existiendo bajo la presencia de Dios, bajo la sombra del Todopoderoso. No estamos caminando en la oscuridad, sino a la sombra del Todopoderoso que nos separa y nos mantiene alejados del mundo que nos rodea. El mundo puede vernos, pero realmente no puede hacerlo. Estamos a la sombra del Todopoderoso y vivimos bajo su protección.

En el versículo dos, Moisés dice: «Diré yo a Jehová: Esperanza mía, y castillo mío; mi Dios, en quien confiaré». Esta fue la consecuencia de esa experiencia ardiente con la presencia de Dios, y ahora su refugio estaba en el propio Dios.

A menudo me pregunto qué pensó Moisés acerca de la experiencia de la zarza ardiente durante esos cuarenta años en las montañas cuidando ovejas todo el día y mirando las estrellas por la noche. ¿Qué pasaba por su mente? No lo sabemos, pero creo que su forma de pensar cambió para siempre cuando se encontró con Dios en esa zarza ardiente. Su mente ahora estaba en Dios. Dios era su refugio. Dios era su fortaleza. Si eso es cierto, Moisés no temía a nadie. Lo que Dios quisiera que hiciera, lo iba a hacer.

La razón por la que Moisés dejó Egipto fue porque tenía miedo. Temía a los egipcios e incluso a su propio pueblo, los israelitas. El miedo lo condujo a las montañas, lejos de Egipto. Quería hacer algo por el pueblo de Dios, Israel, pero el miedo lo mantuvo alejado.

Esa experiencia con la zarza ardiente quemó el miedo de su vida para siempre y puso dentro de él esa audacia que solo puede surgir de comprender y conocer a Dios. Creo que Moisés da su testimonio en los versículos tres y cuatro: «Él te librará del lazo del cazador, de la peste destructora. Con sus plumas te cubrirá, y debajo de sus alas estarás seguro; escudo y adarga es su verdad».

Qué maravilloso testimonio constituyen estos primeros versículos. Creo que estar cubierto bajo la sombra es algo muy importante. Moisés habla bastante al respecto y la inferencia es que donde quiera que vaya, Dios ha de estar sobre mí protegiéndome; Dios está alejando de mí lo que me puede hacer daño. Ahora, el secreto de todo eso es cultivar la presencia de Dios diariamente, momento a momento. Creo que ese fue el secreto de la vida de Moisés.

Simplemente, no se encontró con Dios en la zarza ardiente y luego dio un testimonio en el que decía algo como lo siguiente: «Ah, recuerdo el día en que conocí a Dios en la zarza ardiente». Muchos de nuestros testimonios se basan en cosas que sucedieron hace años. El testimonio de Moisés se basó en la presencia de Dios en su vida en el momento preciso en que se manifestó.

Podría estar equivocado, pero no creo que Moisés haya hablado de su experiencia con la zarza ardiente. No sé si nadie lo sabía, excepto Moisés, porque pensamos que él fue el que escribió al respecto, y no parece que sea algo a lo que volvería una y otra vez. Él avanzó en el poder y la demostración del Espíritu Santo. Al abandonar la experiencia de la zarza ardiente, Moisés entró en un mundo que estaba totalmente en contra de él.

¿Recuerda cuando regresó a Egipto con su hermano Aarón? Incluso los israelitas estaban en contra de él. Temían a Moisés porque pensaban que era responsable de gran parte de su sufrimiento. Por supuesto, Egipto ya no lo recordaba, por lo que no tenía influencia allí. Las personas que lo habían conocido en sus años más jóvenes se habían ido. Habían pasado cuarenta años, pero Egipto no quería tener nada que ver con él, incluido el faraón de ese momento, que intentó desafiarlo varias veces. Sin embargo, Moisés siempre se mantuvo firme porque estaba viviendo bajo la sombra del Todopoderoso y nada podía atemorizarlo. Nada podría rechazarlo.

Moisés dice en los versículos nueve y diez: «Porque has puesto a Jehová, que es mi esperanza, al Altísimo por tu habitación, no te sobrevendrá mal». ¿Recuerda las plagas que Dios envió a Egipto a través de Moisés para obligar a Faraón a dejar ir a los israelitas? Ninguna de esas plagas tocó al pueblo de Dios, porque el pueblo de Dios en ese momento estaba bajo el paraguas de Moisés, que a su vez estaba bajo el del Dios Altísimo. Dios envió a Moisés totalmente calificado y equipado para proteger a Israel de Egipto y guiar a su pueblo a la tierra de Canaán que le había prometido a Abraham tantos años antes.

No puedo imaginar cuánto aguantó Moisés durante ese tiempo. Incluso cuando salió de Egipto y llevó a Israel al otro lado del río y a Canaán, soportó todas las disputas y quejas de los israelitas. Creo que eso fue posible porque estaba morando en la presencia de Dios.

¿Recuerda cuando Moisés bajó de la montaña con los Diez Mandamientos? Su rostro estaba tan radiante que la gente ni siquiera podía mirarlo. Él no sabía que su rostro estaba radiante, pero el mismo fuego que estuvo en la zarza ardiente ahora estaba en su rostro, y tuvo que resguardarse de los israelitas.

Caminar con Moisés habría sido un desafío para aquellos que no entendían ni creían lo que Dios estaba haciendo.

Moisés sabía que Dios lo iba a usar para hacer lo que no podía hacerse de otra manera. Dios envió a Moisés, y en ese acto habitó la presencia de Dios, momento a momento. Me hubiera gustado haber hablado con él para que me contara un poco sobre cómo era, en esos tiempos, caminar en la presencia de Dios y no tener miedo, avanzando en el camino de la esperanza y la fe.

Nuestra fe depende de la presencia activa de Dios en nuestra vida. «La fe es por el oír, y el oír, por la palabra de Dios». Si tenemos fe, es porque existe la presencia en nosotros, la presencia de Dios que cambiará todo en nuestra vida.

Muchas personas tienen fe, pero no del tipo que tenía Moisés, que vino al disfrutar en la presencia de Dios. Cuando comenzamos a caminar en esa presencia, nada más importa realmente. Anhelo estar en la presencia de Dios día tras día y que su presencia energice mi vida.

Nuestra vida física es muy limitada, pero la presencia de Dios es infinita. Su presencia nos eleva por encima de todos nuestros problemas y dificultades. Encuentre su experiencia con la zarza ardiente y avance cada día en la presencia del Señor, bajo la sombra del Todopoderoso. Todos los recursos que necesita para lo que Dios quiere que haga están en su lugar secreto.

Padre eterno

Oh Trinidad de amor y poder,
Nuestros hermanos se protegen en la hora del
    peligro;
De roca y tempestad, fuego y enemigo, protégelos
Dondequiera que vayan;
Así, siempre se alzará a ti,
Alabanza alegre desde el aire, la tierra y el mar.

—William Whiting (1825-1878) /
John Bacchus Dykes (1823-1876) /
Robert Nelson Spencer (1877-1861)

CAPÍTULO 13

La necesidad de una experiencia definitiva

Mas los sacerdotes que llevaban el arca del pacto de Jehová, estuvieron en seco, firmes en medio del Jordán, hasta que todo el pueblo hubo acabado de pasar el Jordán; y todo Israel pasó en seco.

—JOSUÉ 3:17

Padre eterno de nuestro Señor y Salvador Jesucristo, te alabo por la gracia que me has dado para experimentarte en persona. Gracias por tu presencia en mi vida cada día. Amén.

Josué 3 nos cuenta la manera en que los israelitas cruzaron el río Jordán para entrar a la tierra prometida, Canaán. Cruzaron lugares peñascosos para llegar allí. Su pasado estaba marcado por crisis que generaban acontecimientos. Así es como Dios trabaja. Hubo un tiempo en que no había creación, y entonces Dios creó el cielo y la tierra. Sucedió un evento. La crisis había pasado, el cielo y la tierra fueron creados. El hombre fue creado, pero luego cayó.

Usted puede repasar las Escrituras y encontrar líneas claras que demarcan cuándo ocurrió algo y cuándo cambiaron las cosas. Tras el acontecimiento vienen los objetivos, el desarrollo y las conquistas. Pero a menos que el evento haya tenido lugar, no puede haber crecimiento. Si no ha habido nacimiento, no puede haber crecimiento. Si no hubo el cruce de un río, no puede haber conquista de la tierra más allá. Eso siempre debe ser después del evento.

Después de cruzar el Jordán y que las aguas retornaron a su lugar, Josué ordenó a la gente que levantara un monumento. Las piedras del lecho del río utilizadas fueron tomadas literalmente de la experiencia misma.

Las piedras, tal vez redondas porque las que se encuentran en los ríos casi nunca son afiladas, evidentemente eran tan grandes como para crear un monumento. Y no fueron simplemente arrojadas al suelo, sino que con mucho cuidado se transformaron en algún tipo de monumento permanente.

Si alguien preguntaba por qué estaban ahí esas piedras, en pocas palabras, Josué dijo: «Diles que esto es un memorial de un evento. Simboliza algo que sucedió, una crisis que pasó, para que ustedes y las generaciones futuras puedan recordar lo que ocurrió aquí».

Hay demasiado cristianismo poco claro. Creo que la diferencia entre el avivamiento y ese estado medio muerto en el que la mayoría de nosotros nos encontramos se puede atribuir a la claridad y la agudeza de la experiencia. La experiencia definitiva de crisis que algunas personas tienen como marco de avivamiento es un objetivo al cual disparar, algo que esperar. ¿Ese vecino suyo? Hubo un acontecimiento y se hizo cristiano. O era un cristiano espiritualmente muerto y luego, por algo que le sucedió con la plenitud del Espíritu Santo, se convirtió en un cristiano vivo y espiritual. Necesitamos un evento, una crisis, que conduzca a un avivamiento. Creo que esa es la dificultad que tenemos ahora.

Sin una experiencia espiritual interna, el individuo no está en la fe cristiana. Solo es un seguidor temporal, no un verdadero cristiano. La experiencia es la conciencia consciente de algo por parte de alguien.

No creo en el cristianismo «inconsciente». No creo que nada de lo que usted obtiene de Dios en el ámbito de la redención le llegue de manera inconsciente. Nadie se acuesta, se despierta por la mañana y descubre que es cristiano. El cristiano verdadero es consciente de que Dios está allí y ha perdonado sus pecados y le ha hablado a su corazón. Eso es conciencia consciente.

La conclusión razonable que deduzco acerca de los hijos de Israel que pasaron por el Jordán es que sabían su importancia. Fue una experiencia dramática y vívida. Sabían cuándo estaban en el río, sabían cuándo habían llegado al otro lado, sabían que era el momento y el lugar para colocar un monumento, y luego marcaron el sitio como signo de un claro evento espiritual en sus vidas.

Si usted no es consciente de que ocurrió una experiencia, concluyo que no sucedió. Eso me luce razonable.

Nadie es consagrado a menos que sepa que lo ha sido. Tomemos, por ejemplo, un soldado que lucha contra el enemigo. Un día se encuentra rodeado, las armas giran en dirección a él y los hombres le gritan que se rinda. Así que deja caer su arma, levanta ambas manos y se rinde. Mientras mantenga su memoria, recordará ese momento. Del mismo modo, cuando el general Robert E. Lee entregó su espada al general del norte Ulysses S. Grant, y el general Grant se la devolvió, Lee fue consciente de su rendición.

Si usted no se ha entregado conscientemente al Señor es porque no se ha rendido.

Me imagino que cuando los israelitas se reunieron alrededor de las doce piedras, el líder que representaba a Judá arrojó una piedra y dijo: «Esto es mío». Entonces el líder de la tribu de Rubén trajo la suya y los demás hicieron lo mismo y cada uno dijo: «Ahora, aquí está mi roca», las que representan a las doce tribus.

Cuando sus enemigos oyeron que el Señor había secado las aguas del Jordán, permitiendo que Israel cruzara, hicieron exactamente lo que Dios dijo que harían. Josué 5:1 afirma que «desfalleció su corazón, y no hubo más aliento en ellos delante de los hijos de Israel». Diríamos que su moral se había hundido, pero las Escrituras dicen que el corazón de todos se derritió, lo cual creo que es una forma mucho mejor de decirlo.

Para los israelitas, los obstáculos comenzaron a desvanecerse y las victorias empezaron a surgir porque habían cruzado el Jordán conscientemente, soltaron sus piedras y declararon: «Ganamos el frente».

Dios nos lleva a lo largo del camino

Algunos a través de las aguas,
Algunos a través de la inundación,
Algunos a través del FUEGO,
Pero todos a través de la sangre;
Algunos sufrieron una gran pena,
Pero Dios da una canción,
En la temporada de noche,
Y todo el día.

—G. A. Young (1855-1935)

CAPÍTULO 14

La zarza ante la que nos arrodillamos

«Otra vez os digo, que si dos de vosotros se pusieren de acuerdo en la tierra acerca de cualquiera cosa que pidieren, les será hecho por mi Padre que está en los cielos. Porque donde están dos o tres congregados en mi nombre, allí estoy yo en medio de ellos».

—MATEO 18:19-20

Es un privilegio reunirnos entre aquellos que también disfrutan de la presencia de Dios. En nuestra comunión, oh Padre, tu presencia es verdaderamente amada y apreciada. Amén.

Si alguna iglesia es eso, una iglesia real, es comunión, no una institución meramente organizada y establecida. Cualquiera puede establecer una iglesia, conseguir un pastor, elegir una junta directiva. Pero a menos que esa institución sea también una comunidad en la que haya comunión, no es una iglesia del Nuevo Testamento.

Una iglesia neotestamentaria debe ser una compañía de personas unidas por la atracción y el deseo de buscar a Dios, sentirlo, escucharlo, estar donde Él esté. Así como los griegos tenían su lugar sagrado y los judíos su lugar santo, el sanctórum —por lo que a la iglesia se refiere— es una compañía de personas que han sido unidas por el antiguo y siempre novedoso deseo de estar donde Dios está. Una compañía unida para ver, escuchar y sentir a Dios aparecido en un hombre, no en el predicador, ni en el diácono ni en el anciano, sino a Dios que aparece en ese hombre, vuelto de la muerte y eternamente vivo.

Esa es la zarza ardiente ante la cual nos arrodillamos. Ese es el propiciatorio al que nos acercamos. Esa es la presencia. Y recuerde que Dios está literalmente presente, aunque no lo esté físicamente. Es un error imaginar que Él está físicamente presente. La Biblia nos enseña que no está físicamente presente, sino que está literalmente presente y esa es la zarza. Dios no estaba físicamente presente en la zarza ardiente. No estaba físicamente presente entre las alas de los querubines. No estaba físicamente presente en la nube ni en el fuego. Pero en los tres estaba literalmente presente.

Tengamos fe para discernir la presencia que es el cuerpo, del cual Él es la cabeza, y que este es el lugar santo —a la manera del lugar santo del templo veterotestamentario— y perdonémonos unos a otros así como Dios, por el amor de Cristo, nos perdonó. ¿Observará usted su corazón y verá si hay algún rencor contra alguien? Usted dice que sí, lo hay, pero esa persona nunca se ha arrepentido. Usted no debe esperar hasta que esa persona se arrepienta, sino que debe perdonar ahora sin esperar a que se arrepienta. Por tanto, debemos jurar obediencia ante nuestro Dios. Debemos dejar de lado toda distracción.

Si pudiera sentir la presencia de Él, eso cambiaría su vida a partir de este momento, mientras viva. Sería como inyectarle a un hombre débil, cansado y enfermo el elixir de la vida. Lo cambiaría por completo, lo elevaría, lo purificaría y lo liberaría de las migajas carnales hasta un punto en que su vida sería una radiante fascinación a partir de ese instante.

Lo importante es que la compañía de creyentes es atraída por la persona de Dios hacia el punto focal donde se manifiesta su presencia. Lo mejor que sabemos hacer es celebrar su muerte hasta que regrese, y podemos decir: «Si hay algún pensamiento irreverente, si hay un pensamiento inclemente, si hay un corazón desobediente, solo puedo orar a Dios para que tenga misericordia de ellos porque no saben lo que hacen». Que podamos discernir el cuerpo y reconocer la zarza.

La fascinación se remonta a la doctrina bíblica de la imagen divina, que estamos hechos a imagen de Dios y que lo que fue hecho a imagen de otro tiene el deseo de mirar y ver a ese otro a cuya imagen fue hecho. Esta es la fascinación, el anhelo de encontrar a Dios. Pero debido a que el hombre ha pecado, también le teme a Dios, y así como Adán huye entre los árboles del huerto.

Algunos, particularmente los griegos, pensaban que Dios moraba en una habitación, por lo que tenían su monte sagrado o su arboleda o su cumbre rocosa; creían que Dios moraba allí. Acudían a adorar al Dios que habitaba en las montañas o en la arboleda o en lo alto de una cumbre. A medida que se acercaban, el pensamiento de que Dios realmente estaba allí los transportaba, cosa que sabemos por lo que la historia nos cuenta de algunas de sus canciones y danzas extáticas. Traían consigo vaquillas con guirnaldas de flores alrededor de sus pescuezos y allí, frente a ese monte, arboleda o cumbre, las sacrificaban reverentemente, mientras los poetas de la época escribían versos a sus deidades y los cantaban a la gente. Ese era el esfuerzo de los hombres que estaban perdidos y lejos de Dios, que estaban atrapados por la extraña fascinación del poder que Dios ejerce sobre las mentes de los hombres que anhelaban encontrarlo, pero no podían.

Entonces Dios trajo la prueba al mundo y expulsó los errores, fantasías y las sombras. Mostró lo que el Antiguo Testamento había hablado, lo que había señalado y para lo que nos había preparado, de modo que Dios no apareciera en un monte ni en una arboleda, sino que debía aparecer en la forma de hombre cuyo nombre se llamaría Emmanuel. El que pudo decir: «El que me ha visto a mí, ha visto al Padre».

En lugar de un monte sagrado al que llevan a las vaquillas, en vez de un bosque sagrado donde los poetas componen canciones a las deidades, Dios ahora habita en el hombre, que es el punto focal de su manifestación. Como hombre, él es ese punto focal de la manifestación, y como Dios, ese punto puede estar en cualquier lugar. Por tanto, eso se resume de la siguiente manera: «Donde dos o tres estén reunidos en mi nombre, allí estoy yo en medio de ellos».

Eso es lo que vio Moisés en la zarza ardiente. Esa es la verdad en contra de todas las ideas sombrías que surgieron en la oscuridad y la confusión de las mentes no regeneradas, y Dios nos ha dado un punto focal en el que Él habita y que está en todas partes. Creo que judíos y cristianos creen que Dios está en todas partes, pero hay un punto de manifestación creído por los cristianos y ese punto, ese punto focal de manifestación, es Jesucristo nuestro Señor.

Como Dios, ese punto puede estar en cualquier parte. El que busca el trono de la gracia lo encuentra en todo lugar, por lo que dice: «Si dos de vosotros se pusieren de acuerdo en la tierra acerca de cualquiera cosa que pidieren, les será hecho por mi Padre que está en los cielos. Porque donde están dos o tres congregados en mi nombre, allí estoy yo en medio de ellos» (Mateo 18:19-20).

La práctica de los primeros cristianos era muy sencilla. Se conocieron en nombre del hombre que concibieron y creyeron que era el punto focal de la presencia manifiesta de Dios; se encontraron en su nombre. Ese era su monte, su arboleda, su zarza, su propiciatorio, su santo sanctórum, su lugar sagrado. Ese hombre era todo lo que los griegos habían buscado y deseado, y todo lo que los judíos habían buscado felizmente para poder encontrarlo. Él era todo eso. Cuando se reunieron, se encontraron en su nombre, y ese hombre murió para quitar el muro separador del pecado y así eliminar el miedo, pero aún preservar la fascinación.

Esos primeros cristianos no tenían miedo de Dios. No trajeron sangre. Esa sangre, decían, ya fue derramada por el hombre que también es Dios y el Dios que también es hombre, y por lo tanto no tenían miedo a Dios. Todavía tenían esa fascinación reverente que los trajo como una atracción magnética. Los trajo a Dios, y no pudieron encontrar a ese Dios yendo al monte, porque Él no estaba en el monte. No podían encontrarlo ni satisfacer el deseo de su presencia yendo a un bosque donde no habitaba. No podían satisfacerse yendo a los edificios, porque Pablo dijo claramente: «Dios no habita en templos hechos de mano». Pero se mostraron satisfechos de que, al reunirse en su nombre, y donde sea que se unieran de esa manera, Él estaba ahí para que donde sea que se reuniera un grupo de cristianos, ese fuera su lugar sagrado. Su monte sagrado era cualquier lugar donde los cristianos se reunían en el nombre del Señor. Ellos decían: «Este hombre ha regresado de entre los muertos y, aunque murió, ya no está muerto; y aunque estaba en la tumba, ahora está fuera, y está en plena vida y poder para siempre».

Se reunieron con Él conscientes de que estaba allí, no tratando de persuadirlo para que viniera, sino sabiendo que estaba allí y que toda la deidad estaba presente. Oculto a la vista, ya que estuvo escondido una vez en la columna de nube y fuego que se cernía sobre Israel, escondido a pesar de que toda la deidad estaba allí. «El que me ha visto a mí, ha visto al Padre» y todos estaban de acuerdo en un solo lugar. Mientras estaban reunidos con Él, se convirtieron en un punto focal del manifiesto a la deidad. De repente, todos estaban llenos del Espíritu Santo, y en el capítulo trece de Hechos, ministraron al Señor y oraron, y el Espíritu Santo dijo: «Separadme a Bernabé y a Saulo». Al reunirse, no tenían otro propósito. Es incorrecto que los cristianos se reúnan con cualquier otro propósito que no sea ministrar al Señor, reconocer que aquí está su santo monte. Aquí está su objetivo sagrado. Aquí está su punto más alto, pegado contra el cielo donde los antiguos griegos solían pretender que habitaban las deidades.

Esta asamblea, esta reunión es el monte sagrado, el bosque sagrado, la colina sagrada, es estar ante la zarza ardiente. Ellos ministraban al Señor juntos, aunque estuvieran escondidos en algún lugar por temor a los romanos o a los judíos. Eso podía haber sido en la casa de alguien. Puede haber estado en una sinagoga. Puede haber estado en un edificio, ya fuese prestado o comprado. Donde quiera que fuera, no era el edificio lo que era santo; por ser Dios, podría estar en cualquier lugar, pero juntos eran santos mientras ministraban al Señor y oraban.

El pasaje en 1 Corintios dice que hubo problemas en la iglesia de Corinto porque se encontraron sin reconocer esa presencia, sin discernir el cuerpo del Señor. No estaban obligados a creer que el pan y el vino eran Dios, pero sí les exigía creer que Dios estaba presente dondequiera que los cristianos se reunieran para servir el pan y el vino. Como no lo reconocieron ni lo reconocerían, estaban en problemas. Se reunían para otros fines que el de encontrar a Dios en ese punto focal de manifestación en la persona de su Hijo. El que come y bebe indignamente, come y bebe condenación, el juicio es la palabra para sí mismo, sin discernir la presencia del Señor, sin saber que ese es el cuerpo del Señor del cual Él es la cabeza. Él dijo que el resultado de esa reunión indigna fue que algunos de esos cristianos estaban debilitados, enfermos y algunos realmente murieron, porque no nos jugábamos a nosotros mismos correctamente. Pero cuando somos juzgados, el Señor nos disciplina para que no seamos condenados con el mundo.

Ellos, cuando se reunían, debían tener al menos la reverencia de un sumo sacerdote veterotestamentario al acercarse al lugar santísimo y poner sangre sobre el propiciatorio. Sin embargo, no hacían eso; acudían de otra manera.

Esa sensación de la presencia no estaba en ellos, por lo que el propósito y el significado de la comunión se aminoraron; lo que no solo era cierto allí, sino también en otras iglesias descritas en los capítulos uno, dos y tres de Apocalipsis. En las cartas a las siete iglesias, Él dijo que el amor de ellos se había enfriado, que habían dejado su primer amor y que su vida moral se había degenerado. Dijo que sus doctrinas habían cedido para que sufrieran lo que esa mujer Jezabel les enseñó al cometer fornicación espiritual y comer cosas ofrecidas a los ídolos. Dijo que tenían nombre de que vivían, pero estaban muertos porque no reconocían la presencia ni el hecho de reunirse como creyentes en el monte santo o la subida al monte Sion, que es el Señor Jesucristo. Eso había desaparecido de ellos y fue por lo que Cristo apareció con ojos de fuego llameante y pies como bronce refinado para pisotear, y con una espada de dos filos en su boca para matar, justo antes de la apertura de esas cartas condenatorias en las que Él los elogió, culpó y suplicó que atinaran. Se reveló como juez, mostró la espada de dos filos y se sintió como el bronce bruñido. Debe haber juicio antes de que pueda haber bendición. Oro para que seamos lo suficientemente sabios como para escapar del filo de esa espada. Oro para que seamos lo suficientemente sabios como para evitar el espantoso aplastamiento de esos pies que pisotean. Oro para que cuando los ojos llameantes de fuego miren nuestros corazones y pregunten por qué estamos aquí, que nuestro motivo sea hallado puro y santo.

Oh cabeza sagrada ahora herida

Oh cabeza sagrada ahora herida,
Con pena y vergüenza agobiadas,
Ahora desdeñosamente rodeadas
Con espinas tu única corona...
Cómo palideces de angustia,
De dolorosos insultos y desprecios.
¿Cómo se angustia ese rostro,
Cuando una vez fue brillante como la mañana?
—Bernardo de Claraval (1090-1153)

CAPÍTULO 15

El hombre que vio a Dios en el trono

En el año que murió el rey Uzías vi yo al Señor sentado sobre un trono alto y sublime, y sus faldas llenaban el templo.

—ISAÍAS 6:1

Conocerte, oh Dios, es experimentar tu presencia en toda su plenitud. Esto no se basa en tu santidad, sino en la felicidad que viertes en mi vida. Amén.

Isaías tuvo una experiencia similar a la de Moisés con la zarza ardiente. Isaías trata de explicar que lo que debemos reconocer es inexpresable e intenta pronunciar lo impronunciable, lo que los teólogos dicen que está ahí, y luego él trata de expresar que lo que ve es limitado. Lo que vio Isaías fue completamente diferente y totalmente opuesto de lo que había visto antes. En todo nuestro canto, oración, adoración, predicación y pensamiento, necesitamos trazar una línea clara entre lo que Dios es y lo que no es. Isaías había estado familiarizado con lo que no era Dios, todo lo que había creado, pero hasta este momento, nunca se había presentado a la presencia de lo no creado. El contraste entre lo que Dios es y lo que no es, lo no creado, fue tal que el lenguaje de Isaías vaciló por el esfuerzo que hizo para expresarse.

Es imposible concebir a Dios.

Debemos despertar al hecho de que, si pudiéramos asir a Dios con nuestro intelecto, seríamos iguales a Él. Nunca seré, nunca podré ser igual a Él y, por lo tanto, nunca he de comprender a Dios con mi intelecto. Sin embargo, ese hombre —Isaías— intentó hacerlo y describió lo que vio, pero las palabras eran torpes e inadecuadas. Siempre resulta así cuando tratamos de usar palabras para expresar aquello con lo que estamos familiarizados, por tanto, ¿cuánto menos podemos expresar lo que es divino?

Hay una diferencia entre Dios revelándose a sí mismo y el hombre descubriendo a Dios. No puede por su intelecto llegar a Dios. No podría hacerlo ni en un millón de años. No todos los cerebros del mundo podrían revelarse en un segundo al espíritu del hombre a menos que este conozca a Dios por experiencia. Dios se reveló a Isaías, y todo lo que ha escrito aquí fue y es verdad porque lo que está escrito se engrandece tanto como Dios es más grande que la mente humana.

Isaías dice: «Vi al Señor sentado en un trono». Desearía poder imaginarme esa visión, al menos vagamente, vista por la gente del mundo. Dios se sienta en el trono. Ahí está, arriba en el trono.

Ahora nos hemos alejado de esa visión de Dios. Eso es evidencia de antropomorfismo.

Todavía creo que Dios se sienta en el trono. Esta es la soberanía que se otorga a sí mismo y ciertamente creo en la soberanía de Dios. Creo que Dios se sienta en el trono y supervisa todos los hechos. Por eso puedo dormir por la noche. Si pensara que los acontecimientos del mundo están en manos de los políticos, no podría dormir esta noche. Dios se sienta en su trono y determina todos los hechos. De acuerdo con el propósito que pretendía en Cristo Jesús antes de que comenzara el mundo, determinó todas las necesidades y la disposición de todos.

Alrededor de ese trono, Isaías describe criaturas sobre las cuales sé muy poco. Los serafines, los exaltados, los que arden de fuego se ven solo una vez en las Escrituras. Noté con gran satisfacción que se los veía cerca del trono y ardiendo de amor arrebatado por la Deidad. Luego estaba el humo que llenaba el templo. Después estaba el canto de la antífona: «Santo, santo, santo, Señor Dios Todopoderoso». Muchas veces me he preguntado por qué los queridos viejos rabinos, santos y compositores musicales de los antiguos tiempos no llegaron al conocimiento de la Trinidad simplemente al escuchar el canto de los serafines: «Santo, santo, santo».

¿Qué significa la palabra *santo*? Aquí es el Señor de los ejércitos, y es más que un adjetivo que dice que Dios es un Dios santo. Es una descripción de la gloria para el Dios trino, y no estoy seguro de saber lo que significa, pero diré varias palabras, que creo que pueden acercarse.

Recuerde, usted puede sentir el camino hacia Dios con su corazón; su mente se ha rendido y se ha rendido porque Dios yace allá, trascendiendo infinitamente a todas estas criaturas.

Como decía el antiguo escritor devocional: «El corazón siempre es el mejor teólogo».

Con nuestros corazones, podemos saber que al menos esto es pureza y es bueno saber que queda algo en lo que pensar que es puro. Tiene que descontar al mundo. El mundo dice que el hombre siempre es bueno y que la mujer también, «excepto». Abraham, David y todos los demás con sus debilidades y defectos. Santiago dijo algo acerca de que Elías era un hombre sujeto a pasiones similares a las nuestras (ver Santiago 5:17). Eso luce como algo de excusa. Elías era un hombre de pasiones similares, pero es reconfortante saber que fue un buen hombre y que Dios lo usó; sin embargo, no fue un hombre perfecto. Es por eso que me siento más cómodo con Esaú que con José y Pablo, que eran buenos hombres sin nada que decir en su contra.

La razón por la que no tenemos más arrepentimiento es porque nos arrepentimos de lo que hacemos en vez de lo que somos. Recuerde, el arrepentimiento por lo que usted hace es profundo, pero lo que usted es, es más profundo.

Además, si profundiza, es un fuerte contraste entre lo que es Dios y lo que fue Isaías; la santidad absoluta de la deidad en las impurezas manchadas y marcadas de la naturaleza de Isaías trajo una prueba absoluta a este hombre de Dios.

Luego está el misterio. Esto siempre desconcierta y aturde la mente. Venimos ante Dios en humildad sin palabras, en presencia de lo inexpresable. Creo que siempre debemos dejar espacio para el misterio en nuestra fe cristiana. Cuando no lo hacemos, nos convertimos en racionalistas evangélicos y podemos explicarlo todo. Simplemente haga cualquier pregunta y estaremos vehementes y ansiosos por responderla. Pero no creo que realmente podamos. Creo que hay misterio en todo el reino de Dios. Así como existe un misterio que recorre todo el reino de la naturaleza.

El científico honesto está dispuesto a aprender más. Se da cuenta de que no lo sabe todo. Por tanto, también el cristiano necesita tener una mente abierta cuando se trata de comunión con alguien que no cree *exactamente* como él.

Cuando escucho a un hombre orar con demasiada fluidez, sé que no ha visto nada debido a su capacidad de expresarse en oración, a menos que experimente un repentino y apasionado derramamiento del Espíritu Santo sobre él, pero con solo un hombre promedio, cuando nosotros estamos orando con demasiada fluidez, no vemos mucho.

Luego hay mucha extrañeza, como si no supiéramos nada, remoto ni desconocido. Lo que tratamos de hacer en estos días terribles es controlar a Dios, pensar dónde y cómo podamos usarlo, e incluso creemos en alguien allá arriba que nos quiere.

La presencia manifiesta de Dios es algo diferente. Está más allá de nosotros. Está por encima de nosotros. Es trascendente y no podemos superarla solos. Tenemos que abrir nuestros corazones y decir: «Dios, brilla en mi entendimiento». De lo contrario, no veremos a Dios en su trono. Es algo portentoso, terrible y aterrador. Más adelante Isaías escribe: «¿Quién de nosotros morará con el fuego consumidor? ¿Quién de nosotros habitará con las llamas eternas?» (Isaías 33:14).

El fuego eterno, el ardor eterno, es Dios, que es fuego consumidor. Es fatal caer en manos de este Dios vivo. Isaías vio los cielos abiertos y el fuego saliendo. Vio a la criatura de cuatro caras salir del fuego. Como cristianos, debemos ser hombres y mujeres fuera del fuego.

El cristiano nunca debe ser el tipo de persona que se puede explicar.

Dios es santo, es activamente hostil al pecado y debe serlo. Solo Dios puede arder una y otra vez para siempre. No permita nunca que ninguna experiencia espiritual o interpretación de las Escrituras elimine su odio por el pecado. Incluso si cae en él, detéstelo con un odio santo y salga de ese pecado. El pecado trajo la ruina de la raza. El pecado trajo al Salvador a morir en la cruz romana. El pecado ha llenado todas las cárceles. El pecado calla; es el pecado lo que ha motivado cada asesinato, cada divorcio y cada crimen cometido desde que comenzó el mundo. En presencia de este Dios santo y terrible, el pecado nunca puede ser otra cosa que una deformidad atroz.

El hombre de Dios, Isaías, tuvo una visión aquí y estaba viendo algo que estaba allí.

Vio a Dios y si abrimos los ojos, nosotros lo veríamos. Dios está en todos lados.

Me temo, inconscientemente, que muchos dirán: «Puedo hacerlo». No, hermano mío, no puede hacerlo. No existen instituciones de aprendizaje en el mundo en las que pueda revisarlas todas y aprender todo lo que se puede aprender y leer de lo que escribieron. No hay suficiente conocimiento en el mundo para permitirle hacer el trabajo que el Espíritu Santo le envía a hacer. Él utilizará sus instrumentos, sus habilidades, sus dones. Creo en eso, muy bien. Él nunca le permitirá hacerlo solo. Usted debe estar muerto.

El hombre que Dios usa es el hombre que ha sido muerto. El hombre que ve a Dios sentado en un trono muere para dar paso a un hombre nuevo. Es un hombre asombrado cuyo mundo entero, de repente, se disuelve en una vasta y eterna oscuridad, expectante, atónito. Por lo que dijo: «Mis ojos han visto al Rey».

¿Qué clase de hombre era Isaías? ¿Era un asesino, un mentiroso o un borracho? No, era un buen compañero joven y culto, primo del rey, poeta por derecho propio. Isaías era un buen hombre y podría haber sido elegido para cualquier junta misionera o cualquier otra cosa. Ojalá, por naturaleza, fuera la mitad de bueno. Después de todo, ¿qué es el hombre en contra de la semejanza eterna? ¿Cuál es la moral más pura en contra de la santidad del indescriptible Dios santo? Cuando Isaías gritó: «Soy muerto», quiso decir que lo que estaba experimentando era más que deshacerse ante la santidad del creador, de modo que lo que escuchamos en sus palabras «Soy muerto» es un grito de dolor.

Por eso no me gusta el tipo de evangelización que endulza todo. Creo que debería haber un grito de dolor. Creo que debería haber un nacimiento desde adentro. Me temo que debería haber terror de vernos en violento contraste con el Dios santo, santo y santo. A menos que hagamos eso, nuestro arrepentimiento nunca será profundo, y si nuestro arrepentimiento no es profundo, nuestra experiencia cristiana tampoco lo será. Aquí tenemos a un hombre que estaba llorando, no por lo que había hecho, porque no mencionó un solo pecado.

No se trata de si tenemos la impureza de Isaías o no, sino de si tenemos su conciencia. Él era inmundo y, gracias a Dios, se dio cuenta de ello. El mundo de hoy es inmundo, pero no lo sabe. La impureza sin conciencia, sin consecuencias terribles, es lo que está mal en este mundo, y es lo que está mal con la iglesia y lo que está mal con los cristianos de hoy. Somos inmundos e inconscientes. La impureza sin conciencia nos hace muy valientes y seguros de nosotros mismos, nos da un sentido de nuestra propia santidad y crea una falsa seguridad.

Cuando vemos a Dios en el trono desde la perspectiva de nuestro corazón, y de la teología que nos da la Biblia, actuamos por fe y con iluminación interior para contemplar un poco de lo santo que es Dios. Después de eso, nunca habrá depravación. Siempre he creído en la depravación del hombre. Juan Calvino no inventó eso; David habló al respecto mucho antes que Calvino. El primer bebé nacido nació depravado.

Sin embargo, usted dice, por supuesto, las rameras y los publicanos son depravados. Pero como sabe, ese no es nuestro problema. Nuestro problema es la depravación en el círculo de los justos, entre los santos, entre aquellos que afirman ser grandes almas y cuyas imágenes aparecen en los periódicos y dan nombre a muchas cosas.

Isaías sabía que era malo, pero ahora tenía un sentimiento de ingenuidad moral, lo que —por la maravilla de la gracia de Dios— nos hace conscientes de lo malos que somos también. Del mismo modo, después de haber pasado por esa experiencia humillante y que las brasas de fuego hayan tocado nuestros labios —ese pasado con su profunda iniquidad—, habremos de reconocer lo malos que somos. No solo por nuestros pecados cometidos, sino por aquellos ocultos; pero su gracia nos toca y esa sensación de inocencia moral es restaurada por el amor perdonador de Dios. Entonces Dios dice lo que había dicho antes: «¿A quién enviaré, y quién irá por nosotros?». A lo que Isaías respondió: «Aquí estoy, envíame a mí».

Este era un hombre que Dios podía usar. Un hombre cuya integridad fue quitada. Nunca demos nada por hecho. Como sabe, la persona por la que más oro en mi trabajo pastoral, por la que me causa más problemas, soy yo mismo.

Después de esta experiencia de purificación de Isaías, Dios dice: te usaré. Y envió a Isaías.

Aleluya, alabado sea Jehová

Déjenlos dar alabanzas a Jehová,
Fueron hechos por su mandato;
Para siempre estableció,
Su decreto se mantendrá siempre
Desde la tierra, alabad a Jehová,
Todos vosotros inúndense, todos los dragones,
Fuego, granizo, nieve y vapores,
Vientos tormentosos que le oyen llamar.
—William J. Kirkpatrick (1838-1921)

CAPÍTULO 16

Criaturas de fuego

Y el aspecto de sus caras era cara de hombre, y cara
de león al lado derecho de los cuatro, y cara de buey
a la izquierda en los cuatro; asimismo había en los
cuatro cara de águila.

—EZEQUIEL 1:10

*Oh Dios y Padre de nuestro Señor Jesucristo, es en el fuego
donde veo la belleza de Cristo y su aplicación a mi vida.
Alabadle por lo que Él es, y alabadle porque está en mí. Amén.*

Ezequiel 1:10 comienza con «el aspecto de sus caras» y continúa con cómo tenían la cara de un hombre, un león, un buey, un águila.

Mucho antes de saber que este versículo se aplicaba al Señor Jesucristo y al evangelio, percibí que se refería a los cuatro evangelios y que la figura del hombre era respecto a Lucas; la del león en cuanto a Mateo; la del buey sobre Marcos y la del águila en referencia a Juan.

Pero esas criaturas vivientes, descritas más tarde como querubines en Ezequiel 10:4, que Ezequiel vio en su visión, en verdad describen a una figura: a Jesucristo, el centro de la creación a quien Dios dirige todos nuestros ojos. Porque el Señor dijo: «He aquí mi siervo… en quien mi alma tiene contentamiento» (Isaías 42:1).

El objeto de toda la creación es mostrarnos a Jesucristo. Aun así, no toda la creación puede exponer la gloria de Cristo, porque Él es la gloria de Dios y la creación es la gloria de Cristo. Estas criaturas revelan la atracción de Cristo. No todas sus atracciones se pueden unir en una sola cara.

Si todo lo que ha hecho estuviera escrito, el mundo no podría contener los libros pertinentes. No solo se necesitaría esta creación, que los hombres han llamado universo, sino que se necesitaría una docena de otros universos para mostrar las maravillas y la gloria que pertenece a Jesucristo.

Nuestro objetivo es ser como Cristo. El estribillo del himno —«Oh, ser como tú; oh, ser como tú»— resume el anhelo del corazón del cristiano. Esto no es simplemente un anhelo sentimental, sino un hecho teológico firme con una sólida razón bíblica subyacente.

Dios hizo que su Hijo se hiciera hombre y lo envió entre nosotros, y nos hizo como su Hijo. Primero, Dios hizo al hombre a su propia imagen. Cuando el hombre pecó, Dios hizo a su Hijo a semejanza del hombre, a excepción de lo relativo al pecado, y ahora Él está haciendo al hombre nuevamente a semejanza de su Hijo. Por tanto, cuando vemos cualquier cosa que muestra la gloria de Jesucristo nuestro Señor, miramos el modelo de lo que deberíamos ser.

Cristo no se disculpó cuando vino al mundo a encarnarse. No fue como cuando la sociedad va a los barrios marginados, con cuidado y tímidamente. Sino que descendió, hasta donde fue posible, y pasó por el proceso simple y contundente de nacer por medio de una madre virgen. Por lo tanto, se hizo hombre y tomó sobre sí nuestra humanidad.

Así, Cristo asumió la obra exaltada de la naturaleza humana y mantuvo su carácter. Cristo fue el único ejemplo perfecto de un ser humano puro.

Sabemos muy poco acerca de Adán y Eva antes de la caída: ese período feliz y dichoso en el que vivían en su despreocupada desnudez en presencia de Dios y de los demás, su propia humildad era su única cobertura. Sin embargo, sabemos mucho sobre ellos luego, después de que pecaron y Dios los expulsó del jardín. La Biblia nos habla de Adán, Eva y todos sus descendientes, incluyéndonos a nosotros, a pesar de lo tristes y decepcionantes que somos. Cuando nuestro Señor Jesucristo vino al mundo, tenía la simple debilidad del hombre, pero no la del pecado. Él podía cansarse y necesitar descansar, dormir y comer, pero esa era su humanidad. Eso no fue una humanidad caída. Cristo no asumió la humanidad caída.

Si quiere ver a la humanidad en su etapa más deliciosa y perfecta, mire a Jesucristo, nuestro Señor. Nunca trató de ser algo que no era y no tenía nada que ocultar. No había perversión en Él. Cristo era la humanidad caminando erguida sin perversión, sin afectación, sin orgullo ni miedo.

Estos son los demonios que obran sobre la humanidad: perversión, hipocresía, orgullo y miedo. Buscan destruirnos como insectos en un jardín. Allí crecemos, pero el fruto que damos es pobre, lleno de gusanos, encogido y de tamaño insuficiente.

Cuando la simple belleza de la humanidad de Jesús se perdió bajo las hojas de la tradición, los hombres se fueron y se escondieron, tratando de ser buenos. Decían que la única forma de ser buenos era alejarse de las personas. Decían: se contaminarán con el contacto. Pero un lirio puede crecer en una pila de estiércol, en un corral, y ser inmaculado y puro, creciendo a la luz del sol, fragante y hermoso, sin ser tocado por la misma tierra en la que crece y lo que le rodea.

Así fue con Jesús. Nuestro Señor no fue un asceta. Caminaba entre hombres perversos, viciosos, malvados, orgullosos e hipócritas. A diferencia de Juan el Bautista, que vino sin comer ni beber, Jesús vino comiendo y bebiendo. Estuvo entre la gente, simplemente. No creía que pudiera enmendar su alma castigando su estómago, ni que al no comer podría llegar a ser un buen hombre. Él lo sabía mejor.

Nuestro Señor no tenía absolutamente nada de eso. Dios hizo que el cuerpo humano fuera el templo del Espíritu Santo, por lo que no castiga su templo.

Nuestro Señor no odiaba a la gente. Muchas personas buenas se han apartado con frío desprecio hacia la raza humana con la que nuestro Señor era amigable. Moraba entre los pecadores como santo, sin mancha y en lo más alto de los cielos, y aun así amaba a las personas.

Seremos hombres y mujeres redimidos en el cielo. Nada más alto es posible para nosotros. De modo que lo ideal es que seamos seres humanos redimidos, limpiados ahora, purificados y llenos del Espíritu. Porque al hacerlo, seríamos como Jesucristo nuestro Señor.

La cara de león

Los leones son admirados por su bravura, su dignidad, su confianza, su equilibrio y su audacia. ¿Alguna vez ha estado en un zoológico y ha visto un león peludo y grande? Lo miran a uno con carácter. Cruzan sus grandes patas y nunca lo miran a usted del todo; muy dignos, siempre mirando más allá de usted. Siempre ven un poco a la derecha o a la izquierda, pero nunca directo a usted, como si usted no fuera absolutamente nada. «¿Me ves? ¡Soy el rey de la selva!». Me los imagino pensando. Insisto, hay algo sobre la dignidad, el coraje y el equilibrio en el león.

Estas cualidades fueron importantes en Jesucristo. Eran parte de su perfecta humanidad. No se rebajó ni se disculpó. Fue como un hombre entre los hombres, sin timidez, sin menosprecio.

Se nos dice que seamos humildes, pero no más de lo necesario. Dios nunca nos dijo: «Sé un ratón». Simplemente dijo: «Humillaos, pues, bajo la poderosa mano de Dios» (1 Pedro 5:6). Lo que quiso decir fue que asumiera su tamaño. Me gusta que la gente sea como un león valiente; que sea lo que tiene que ser.

Los cristianos vamos al ataque y estamos a la defensiva. Usted nunca ve a un león a la defensiva. Necesitamos estar llenos del Espíritu, orar, ser valientes, serenos y seguros de nosotros mismos en el sentido correcto de la palabra, no confiando en nosotros mismos, sino en el Dios que mora dentro de nosotros, el que tiene rostro de león.

El rostro de buey

Hay algo en el carácter de Cristo que solo el buey, como lo conocían en los tiempos bíblicos y a lo largo de los años, expone correctamente. ¿Qué es eso que tiene un buey que un león no posee? ¿Qué es eso que tiene un buey que un águila no tiene? Se necesitaron todas esas criaturas en la visión de Ezequiel para revelar la gloria de Cristo.

El buey tiene defectos. Me remonto a una época en que veía algunos de ellos con sus yugos enganchados en el pescuezo y halando cosas. Los bueyes no tienen gracia. Eso es bastante seguro. Y no tienen mucho cerebro. Tampoco tienen encanto.

Sin embargo, lo que el buey tiene es paciencia, firmeza, perseverancia serena y resignación. Nunca he visto un buey emocionado ni uno con mucha prisa. El buey siempre es paciente y firme. Y eso es lo que nuestro Señor tuvo cuando vivió entre los hombres. Soportó todo con paciencia y serenidad.

La cara de águila

Las cuatro criaturas en la visión de Dios a Ezequiel no son contradictorias, se complementan entre sí. Se completan mutuamente, tanto que al observar las cuatro imágenes, vemos un poco más cómo era Cristo y cómo deberíamos caracterizarnos nosotros.

Vemos a Jesucristo nuestro Señor caminando con mucha calma y firmeza entre los hombres, como un buey pesado, caminando con todo el valor y el equilibrio del león, caminando con la simple dignidad de un hombre. Sin embargo, había un área en la vida de Cristo que no se veía. Había un aspecto en el carácter y la naturaleza de Cristo que nunca tocó tierra en absoluto, que andaba más alto que el sol hasta que el águila llegó para revelarnos otro lado del carácter de Jesucristo, nuestro Señor. Observe las características del águila, su aspiración, su actitud, los altos picos, la luz del sol y la extensión de sus alas.

El que estaba entre los hombres dijo que el hijo del hombre que está en el seno del Padre se fue y cuando estaba caminando en la tierra dijo claramente: «Él está en el seno del Padre». Y dijo: «Sé que siempre me oyes». Jesucristo nunca dejó el seno del Padre cuando vino al vientre de la virgen. Algo en su naturaleza todavía se mantenía firme y estaba en contacto con todo el poder infinito que es Dios. Y nunca se permitió asentarse en el polvo, aunque caminó entre los hombres y se llevó polvo en sus santos pies; aun así, como el águila se perdía de vista.

Y se dice de nosotros que nos remontaremos con alas como las águilas. Dios quiere que sus hijos vivan otro tipo de vida. Debe haber connotaciones del cielo sobre el corazón cristiano siempre. Ahora, Cristo nuestro Señor vivió así. Pero estamos demasiado contentos con las cosas visibles. Demasiado satisfechos con los servicios visibles. Si estuviéramos en contacto con Dios cuando estamos en la iglesia, encontraríamos nuestros cultos mucho más intensos cada día. Pero solo unos pocos están en contacto con Dios, tal vez, y el resto tienen algún contacto con Dios, y otros no tienen contacto en absoluto. El resultado es que el ambiente total del culto no es muy hermoso porque hay muy pocos que se han puesto en contacto con Dios.

Como cristianos, debemos tratar de ser hombres y mujeres santos, no seres avergonzados de nuestra humanidad, sino agradecidos por ello. No cambiaría mi calidad de ser humano por nada en el mundo. Prefiero ser un hombre redimido que un serafín. Prefiero ser un hombre redimido que un león, un buey o un águila porque esas criaturas solo están ahí para mostrar a Cristo. Usted y yo podemos tener las santas y hermosas características de Cristo, que trascienden con creces las de cualquier otra criatura.

Por tanto, el cristiano habita en el lugar secreto y lo ve todo desde las alturas. Es sorprendente lo mejor que se ven las cosas desde arriba. Desde ahí, es extraordinario lo mejor que se ven. Para el caso, las aves en su vuelo tienen una visión muy diferente del mundo de la que tienen los hombres que pisan el camino o los bueyes. Pero se necesitan ambas cosas. El águila que se eleva a las alturas no podría arar un surco nunca, y si Cristo hubiera vivido solo en las alturas, nunca podría haber caminado entre los hombres y haber permitido que su mano estuviera atada frente a Él y finalmente ser clavado en la cruz. Tenía que bajar y vivir esa existencia paciente del buey entre los hombres. Si solo hubiera tenido las características voladoras del águila, nunca podría haber enfrentado a Judas, Pedro, Pilato, Herodes ni al resto de ellos. Pero debido a que tenía el coraje de un león, se puso en pie y tomó todo con calma.

Sin embargo, si solo hubiera tenido las características del fiel buey, el hijo del hombre que descendió del cielo nunca podría haber dicho: «Pero veo, te hablo». Hablo de las cosas que he visto y se las digo. Usted no entiende porque es de la tierra, terrenal, con demasiada tierra en usted. Hay demasiado polvo en usted. Pero también hay algo más y es el aspecto místico, el lado espiritual. Este aspecto superior está lleno de aspiración y anhelo por las cosas de Dios.

Escuche el dulce llamado del Señor de la cosecha

Cuando el carbón de fuego tocó al profeta,
Haciéndolo puro, tan puro como puede ser,
Cuando la voz de Dios dijo: «¿Quién irá por
    nosotros?».
Luego respondió: «Aquí estoy, envíame».

—George Bennard (1873-1958)

CAPÍTULO 17

El Dios que se manifiesta a sí mismo

Pasados muchos días, vino palabra de Jehová a Elías
en el tercer año, diciendo: Ve, muéstrate a Acab, y
yo haré llover sobre la faz de la tierra.

—1 REYES 18:1

*Padre, me deleito por tu presencia en mi vida. Qué agradecido
estoy de que me muestres y me hagas confiar en ti. Te alabo,
porque no eres una presencia ausente. Amén.*

Este Dios de Elías es un Dios que se manifiesta. Quiero que note aquí que Dios se manifestó a Elías y al pueblo bajo la dirección de Elías. Y el Señor Dios estaba golpeando la ventana todo el tiempo tratando de pasar y manifestarse. Se manifestó en fuego, seguro, pero también lo hizo con una voz suave y apacible, con providencia y oración. Dios está listo para darse a conocer. Manifiesto significa mostrarse. Él está listo para quitarse el velo y brillar sobre su iglesia. Él es el Dios que se manifiesta y es el Dios que obra milagros.

Creo esto con todo mi corazón. No soy un instigador de milagros y no creo que nunca debamos anunciar: «Vamos a tener una noche de milagros». Dios hace milagros, pero usted no puede decirle a Dios qué hacer. Si tiene fe, entonces con humildad puede confiar en que algo es causado por Dios, un evento en la naturaleza que no tiene causas naturales. Un evento que, aunque no es contrario a la naturaleza, sin embargo, se eleva por encima de ella, porque la fuente está en Dios. Y Dios hace milagros.

Observe el aceite y la harina de la viuda y cómo Dios hizo que eso funcionara. Mantuvo un pequeño recipiente de aceite y un pequeño barril de comida durante un año o dos, mientras ella alimentaba a su familia y a un extraño hombre de Dios que había venido a ellos. Y luego, cuando el hijo murió, Elías lo resucitó.

Recuerde que cuando Elías estaba en una gran angustia, el Señor le dijo: «Elías, baja al arroyo y haré que el agua del arroyo corra y tú bebas del arroyo». Y Él dijo: «Haré que los cuervos te alimenten».

Más tarde, cuando el arroyo se secó, Elías dijo: «No habrá lluvia». Pero se olvidó de que, si no llovía no habría arroyo. Por tanto, luego, como no llovió, el arroyo se secó y Elías estuvo en una situación terrible. Una mañana tomó su vasija y se dirigió al agua. Cuando llegó, lo único que vio fue un lagarto rojo que miraba un fondo arenoso y perfectamente seco del pequeño arroyo. Elías dijo: «Dios mío, el agua se ha ido». Y Dios dijo: «¿Qué esperabas? Dijiste que no habría lluvia, así que no hubo, ni tampoco arroyo. Pero me he encargado de eso». Y Dios lo envió a Sarepta, a una viuda. Ella le dijo a Elías: «Vamos a comer esto y después, moriremos».

Elías dijo: «No. Yo sirvo a Dios y Él dijo que si tú me cuidas, Él cuidará de ti». Y durante dos o tres años, lo hizo.

¿Recuerda aquellos pasteles que el ángel hizo para Elías? Me encanta eso porque ahí estaba Elías, una vez que había perdido el coraje por algún tiempo. Tenía valor, era un hombre muy valiente, pero esa mujer, Jezabel, debe haber sido un terror. Porque cuando ella le envió un mensaje, él se huyó. No le tenía miedo a su marido. «Estoy delante del Señor». Pero cuando Jezabel se dirigió hacia él, Elías se olvidó de que había estado delante del Señor y se fue a las montañas. Y se iba a esconder en un lugar seguro, pero el Señor le dijo a un ángel: «Ahora,

Elías, está ahí abajo y está en mal estado. Está debajo de un enebro y se ha desalentado, desanimado, triste y asustado, con deseos de morir. Él es mi siervo y me ama, pero tiene fe y no puedo pasar eso por alto. Ve a hornearle unos pasteles». Dios envió a un ángel a que le horneara pasteles a un profeta. Ah, Dios es un Dios muy tierno y amoroso, por eso debemos tenerlo presente.

Ese es el Señor Dios de Elías. El Dios Padre todopoderoso, que se manifiesta a su pueblo, ya sea internamente o por milagros y torbellinos. De una forma u otra, así es como lo hace Dios.

Ahora, ¿dónde está el Señor Dios de Elías? Me gustaría decir que el Señor Dios de Elías está cerca. Muy cerca; está aquí en este momento, esperando que algunos de nosotros, hombres y mujeres, cumplamos ciertas condiciones.

Déjame nombrarlas por usted.

Dios está aquí hoy como lo estuvo allá entonces, y no hay nada que nos impida ver a Dios hacer algo ahora que hizo entonces, cuando sea necesario hacerlo. El Señor Dios de Elías está aquí esperando a alguien tan valiente como Elías. Elías era un hombre intrépido, aunque admite que sufrió ese pequeño colapso.

Esa mujer Jezabel fue tras él y él se desmoronó. Aparte de eso, era un hombre valiente y de gran coraje. Ante el peligro de hoy, se necesita mucho valor para vivir la experiencia del Monte Carmelo. Se requiere de mucho coraje para pararse firme. La condescendencia y tratar de llevarnos bien con los demás para no tener problemas ni involucrarnos en conflictos siempre nos debilita. Hubo varios hombres, hombres de Dios, como este profeta,

Elías, y Dios tenía cientos de profetas escondidos en una cueva.

Imagínese estar escondido en una cueva cuando Jezabel ejercía su poder con Acab, el rey más malvado que había gobernado desde Jeroboam. Había una gran cantidad de hombres escondidos en esa cueva, pero solo uno tenía el coraje de subir y bajar al campo, y ese era Elías. Si todos esos doscientos profetas, cada uno por derecho propio, hubieran tenido el espíritu de Elías, habrían estremecido a Israel hasta sus bases. Habrían asustado a Jezabel tanto que se habría devuelto a Sidón, donde pertenecía, y Acab se habría metido en cualquier agujero en algún lugar; el poder de Dios se habría impuesto sobre Israel. Pero ahí estaban escondiéndose; se necesita algo de coraje.

Elías tuvo coraje, siempre hemos tenido hombres de valor a lo largo de los años; se necesita mucho valor para pararse por Dios en una hora como esa. Para estar por Dios entre los hombres; para ser hijo de Dios entre los hijos de los hombres; para ser ciudadano del cielo entre los ciudadanos de la tierra y para ser un buen hombre en un mundo malo. Para tener fe en un mundo de incredulidad y querer ser bueno en un mundo al que le agrada ser malo; para ellos se necesita coraje. Todo lo que Dios está esperando es que hombres y mujeres se levanten con algo de la valentía de Elías, con su misma consagración. Sé que puede sonar común, pero Elías era un hombre consagrado. Ellos, ahora, usan la palabra *dedicado*; dicen: «Es un hombre dedicado», y con eso quieren decir que está dedicado a la política o a la ciencia u otra cosa. Pero creemos que la dedicación debe ser a Dios y completamente dedicada y consagrada a Él.

Luego está el ser tan obediente como lo fue Elías. Usted se da cuenta de que Elías era un hombre obediente. Aquí dice que fue e hizo según la palabra del Señor. Cada vez que Dios le hablaba, él iba y hacía conforme a la palabra del Señor. Y como él fue e hizo según la palabra del Señor, Dios hizo según la palabra de Elías, y los dos trabajaron juntos en las cosas. Dios le decía: «Elías, haz esto», y Elías corría y lo hacía, pero también Elías decía: «Oh Dios, haz esto», y Dios corría y lo hacía. Dios y Elías trabajaron juntos porque Elías escuchó la palabra del Señor; el Señor escuchaba la palabra de Elías.

Dios busca gente obediente. Obediente, quiero decir activamente obediente, no solo pasivamente obediente.

La iglesia de Cristo hoy está maldita con la obediencia pasiva; esta, por supuesto, es lo mismo que desobediencia. Cantamos: «Haz tu propio camino, haz tu propio camino» y nadie hace nada. Tiene que ser obediente. Si el Señor quiere que dé cierta cantidad de dinero, haga un cheque. No abrace su chequera contra su pecho y cante: «Haz lo que quieras, Señor, de mí»; haga el cheque. Si Dios quiere que vaya a una reunión de oración, no se ponga las pantuflas y cante: «Sigue tu propio camino»; asista a la reunión de oración. Si está lloviendo, vaya de todos modos. Dios está esperando a alguien tan obediente como Elías.

Creo que Dios está encontrando personas tan llenas de fe como Elías, un tipo de fe inquebrantable. Mucha gente tiene el tipo de fe que tenía Marta. Ella decía: «Sí, lo sé, Señor. Se levantará en el último día». Y el Señor le dijo: «Ese no es el tipo de fe que funciona. Quiero que creas que se levantará ahora; *ahora* mismo».

Aunque observaba el camino fácil, Elías eligió el camino arduo y vital de la fe y la obediencia. Se puso, como dicen, en marcha. Eso requiere una fe arriesgada, y nosotros tenemos que tener esa clase de fe.

Por último, Dios está buscando a alguien tan consagrado como Elías. Elías oraba persistentemente. Vivía para la oración, ordenaba mientras oraba y proclamaba en oración. Nosotros nos sentamos y decimos: «¿Dónde está el Señor Dios de Elías?», mientras cantamos con tedio: «¿Dónde están los buenos viejos tiempos?».

No, no queremos los buenos viejos tiempos. Más bien, queremos al Dios de los antiguos buenos tiempos.

Los enchufes eléctricos son de ciento veinte voltios. El aumento de potencia en ellos es muy silencioso, pero aun así, hay una potencia ahí que hará funcionar su aspiradora, mantendrá su radio encendida, hará que cocine sus comidas, le permitirá afeitarse y encenderá su cortacésped… todo está ahí. Pero debe cumplir una condición: debe enchufarlo a la fuente para que ese poder actúe.

El Dios todopoderoso está aquí, no muy lejos. Aun así, la gente dice: «No lo escucho». Por supuesto que no. Yo tampoco lo escucho, pero Él está aquí. ¿Cómo puedo saberlo? Lo sé, porque si cumplo con las condiciones, obtengo el poder. Al igual que la electricidad, no se puede oír ni ver, pero está ahí porque las luces funcionan.

El Dios de Elías es el mismo Dios hoy, el Dios y Padre de Jesucristo. Es un Dios que hace milagros, pero deben cumplirse ciertas condiciones: fe y obediencia. Conéctelas a la fuente poderosa y tendrá el poder que tenía Elías. El Señor Dios de Elías está aquí esperando, esperando un pueblo valiente, un pueblo consagrado, gente obediente, gente llena de fe y oración. Y cuando los encuentre, comenzará a hacer por ellos lo que hizo por aquellas personas en otros tiempos.

Así que levantémonos y atrevámonos a decir: «Oh, Señor Dios, ayúdanos». Dejemos de hablar de ayer y comencemos de hablar de las posibilidades de nuestro mañana.

La fe de nuestros padres

La fe de nuestros padres, vive todavía.
A pesar de la mazmorra, el fuego y la espada,
¡Oh, cómo laten de alegría nuestros corazones!
¡Cuando escuchamos esa gloriosa palabra!
¡La fe de nuestros padres! ¡Santa fe!
¡Seremos fieles a ti hasta la muerte!

—Frederick W. Faber (1814-1863) /
Henri F. Hemy (1818-1888)

CAPÍTULO 18

Elías y el fuego

Y acercándose Elías a todo el pueblo, dijo: ¿Hasta cuándo claudicaréis vosotros entre dos pensamientos? Si Jehová es Dios, seguidle; y si Baal, id en pos de él. Y el pueblo no respondió palabra.

—1 REYES 18:21

Padre, oramos para que el Espíritu de Dios, tu Espíritu, el Espíritu del Padre y el Hijo, pueda tomar esta antigua verdad y dejar que se libere el poder esta noche sobre nuestras conciencias. Señor, hay poco tiempo y tenemos una gran necesidad, por lo que te suplicamos, Señor Jesús resucitado, confirma tu palabra. Confirma tu palabra y realiza un consejo de tus mensajeros. Amén.

Este capítulo cubre un período bajo en la historia de Israel, cuando la nación debió haberse dedicado a la más alta rectitud en su conducta y su vida personal y a la adoración más pura al Dios Altísimo. A pesar del pacto de Dios y la ley y los privilegios que les entregó, sus vidas mostraban una continua y constante controversia entre ellos y Dios. La principal culpa la tenía alguien a quien llamo el vampiro de Sidón, Jezabel.

Jezabel era la esposa de Acab, el rey de Israel. Realmente no era un gran rey, pero ocupó el puesto por un tiempo. Su esposa no era judía. Ella era hija del rey de Sidón y, por lo tanto, era una sidónica y baalita, alguien que adoraba a Baal. Acab era judío y se suponía que debía ser adorador de Jehová, el gran Dios, el Yo Soy, ese Yo Soy. Aunque los baalitas se enfrentaron al Dios altísimo, Acab aparentemente quería una esposa de la familia real de Sidón, por lo que eligió a esa guapa Jezabel y se casó con ella.

La adoración a Baal involucraba rituales crueles e inmorales. Y Jezabel era la evangelista del momento. No para Jehová ni por la decencia y la justicia, sino para Baal y el mal.

Todo esto llevó a un dilema moral para Israel. Ahí estaba la familia real, un hebreo con su esposa, una sidoniana.

El rey estaba comprometido, al menos nominalmente, a adorar a Jehová, pero la reina estaba comprometida activamente a la adoración de Baal.

Esto me recuerda un pasaje de la Escritura que es muy misterioso. Hay mucho que decir al respecto, aunque debo decir que puede ser denominado como místico. El versículo (Juan 1:9) dice que Cristo fue la verdadera Luz, dando luz a cada hombre que viene al mundo. Entonces, incluso el hombre o la mujer que nunca ha oído hablar de la Biblia, Dios o el evangelio, ni nada que tenga que ver con la religión revelada, todavía tiene más luz de lo que imaginamos. Porque cada persona ha sido, en cierta medida, iluminada por «la verdadera luz» con el fin de que sepa algo de lo que está bien y lo que está mal.

Si a usted le preocupan los políticos corruptos y las actrices de cine con cinco maridos, evada eso y agradezca a Dios por la gente buena que conoce. En algún momento, cuando se sienta realmente mal, cuando se sienta emocionalmente como si no fuera cristiano en lo absoluto, su fe se mantiene y realmente sabe quién es usted. Su ancla se sostiene en las tormentas de la vida, pero si hay momentos en que nada parece correcto, arrodíllese y luego, en una hoja de papel, escriba los nombres de las personas buenas que conoce. Agradezca a Dios por la capacidad de apreciarlos.

Israel debería haber sabido lo correcto y lo incorrecto por la profunda sabiduría que ilumina a cada hombre. El pueblo de Dios también tenía acceso a la revelación divina, las Sagradas Escrituras, algo que nadie más tuvo. Aunque deberían haber sabido lo que era correcto, a quién adorar y cómo debían vivir, Jezabel estableció el modelo de moralidad y adoración. Sin embargo, ella optó por dirigir y vivir, mientras otros la seguían. También adoraban la forma en que ella adoraba, porque la gente era demasiado débil y cobarde para obedecer a Dios, y le resultaba más fácil seguir lo que estaba de moda. Eso siempre es lo más fácil.

Si usted va a ser cristiano, tendrá que aprender a enfrentar lo que está de moda. Tendrá que aprender a escuchar la voz de Dios y a oír el sonido de un tambor inaudible. Hay gente marchando en otro desfile, y un mundo marchando con la música mundana en la dirección equivocada.

Tendremos que decidir si este negocio religioso es de Dios, si Dios está en esto, si la Biblia es real, si el infierno es el infierno y si el cielo es el cielo, o si podemos seguir lo que está de moda y ser como todos los demás. Usted tendrá que decidir.

Como dije, Israel estaba en un dilema y, por supuesto, nadie está en reposo cuando está en esa condición porque en el fondo la gente sabe cuándo está siguiendo una banda o un desfile que no irá al cielo. Sabe que la están engañando, le han robado algo muy valioso y le preocupa. Cuando el hombre sabe que está deshonrando su alma, y está profundamente avergonzado, cubre eso con diversiones. Sabe que está violando las santas leyes de Dios y eso le da miedo, pero, por supuesto, el efecto dependerá del grado de luz.

¿Adoraremos a Baal o a Jehová? Si es Baal, 1 Reyes 18:21 aplica: «¿Hasta cuándo claudicaréis vosotros entre dos pensamientos?».

Yo digo que la religión de nuestros días es la religión de Baal. Es una religión que le permitirá salirse con la suya si solo habla sobre el amor, la unidad de la humanidad y la hermandad del mundo. Si solo habla bien y suena piadoso, usted puede hacer casi cualquier cosa; el cielo es su límite. Y si no hay moralidad, ni rectitud, no se requiere piedad; así que viva de la manera que quiera, siempre que al final diga: «Bueno, todos vamos por el mismo camino, solo vamos por rumbos diferentes». Eso parece muy espiritual, pero así es como hablaba la dama baalita Jezabel.

Ella les decía: «Ahora, judíos, ¿no saben que Baal también tiene algo que decir a su favor?». ¡Por supuesto! Tienen orgías sexuales y ritos inicuos para adorarlo, y eso está bien. Esa es nuestra forma de ver las cosas.

¿Qué ofrece Baal? ¿Qué ofrece el principal y superfluo mundo religioso? Ofrece algunas cosas. Ofrece la diversión y la conformidad habitual. Si hace eso, si se conforma y acompaña a la multitud, tienen que darle eso. Pero Jehová, le llamó al camino bueno y duro; camino bueno y duro que tiene su costo y su eterna retribución. ¿Qué tiene que ofrecer Baal? ¿Qué tiene el mundo que ofrecer? ¿Nos rendiremos al mundo? ¿Qué ofrece el mundo realmente? Eso le llevaría a pensar que tiene mucho que ofrecer, pero cuán completamente indefenso es cuando ocurre una tragedia.

Un evangelio adaptado nunca salvó un alma. Cristo no murió por establecer una religión arreglada, diluida y editada. Además, el cielo no está lleno de débiles que tuvieron que tener a alguien que los acompañara y los ayudara en los momentos difíciles. Está lleno de personas, soldados, mártires, soñadores, profetas y seguidores del gobierno, que amaban a Dios y a su generación, que vivieron y murieron después de haber vivido una vida buena, una vida dura. Tenemos que decidirnos. ¿Vamos a seguir el camino del mundo? Jezabel se encargará de eso. ¿Qué vamos a hacer al respecto?

Baal tiene mucho que ofrecer; bien podríamos admitirlo. He escuchado predicadores que hablan sobre lo agobiados que están los hombres por el pecado y se imaginan que llevan un gran peso sobre sus espaldas, tanto que esos predicadores dicen que no hay placer en el pecado. Por supuesto que el pecado tiene placer, pero tiene que romper con él y seguir a Jehová. Cuanto peor es el país, peor es el estado de la sociedad, más difícil de romper y más le costará acabar con el placer del pecado.

Decídase. No se quede en el medio porque no tiene frío ni calor. Dios lo vomitará de su boca. El único lugar en la Biblia donde Dios se enferma es cuando enfrenta a las personas que no pueden decidir si deben servir a Dios o a Baal. Creo que Dios tiene más respeto por un baalita arrodillado ante un altar sexual que por el hombre atrapado en el medio que tiene miedo de adorar a Dios, temblando entre lo correcto y lo incorrecto.

¿Le describe eso a usted? Dios dice que eso lo enferma y que le vomitará de su boca.

Si Jehová es Dios y Jesucristo realmente dijo: «Ven, toma tu cruz y sígueme», habrá un juicio. Dios debe juzgar el corazón de cada persona de acuerdo a sus pensamientos y sus obras. Con Baal, usted se divierte, pero llega el día en que debe tomar su medicina. Cada vez que se extravíe, recuerde que la persona que le extravía realmente le deja en la estacada.

Después que Judas Iscariote traicionó a Cristo, fue abandonado por la gente a quien le había vendido a Cristo. Con un espasmo de conciencia, Judas volvió a los sacerdotes y dijo: «Aquí está, tomen su dinero». Pero se dirigieron a él fríamente y le dijeron: «¿Qué nos importa?». Siempre es así: la gente le llevará por el mal camino y luego le abandonará.

Pero gracias a Dios por uno llamado Jesús, que nos guía por el camino correcto y nunca nos abandona.

Los baalitas tenían su diversión, pero no podían limpiarse por dentro. Usted va a morir algún día, y confío en que quiera hacerlo con la conciencia limpia. ¿Cómo se hace eso? La sangre de Jesucristo nos limpia de todo pecado. Por tanto, si Baal es su dios, sírvale, pero sepa que él nunca perdonará sus pecados, nunca le limpiará por dentro. ¿Quiere a alguien que pueda dirigirlo y guiarlo a través de ese proceso de limpieza? Baal no puede hacerlo. Baal puede darle una gran noche de sábado, pero le dejará con una resaca espantosa el domingo por la mañana. Baal simplemente no puede ayudarle a terminar.

Siempre oro y miro a Dios. A veces me equivoco, pero sigo recurriendo a Él. No salgo a pedir consejos a personas que no saben más acerca de Él que yo. Las Escrituras dicen que el nombre de Dios es Consejero. Jesucristo, el Señor, guía a los ciegos por caminos que no conocen. Los guía por sendas donde no han estado. Hace que la oscuridad se ilumine ante ellos, cuando no pueden pensar con claridad. Él hace todo esto por usted.

Si elige a Baal, si opta por otra cosa que no sea el Dios verdadero, va a quedar sin consejero ni defensor. Si elige a Baal, se queda sin nadie que le dirija. Si opta por el mundo, va a quedar sin limpieza ni perdón.

Luego está el más allá. Me gusta reflexionar en lo que sigue. Por supuesto, queremos algo en el ínterin. El que vive hasta el final sin saber lo que hay en el más allá es un completo tonto. Por eso quiero saber qué hay más allá.

La gente buena vive a la espera del mundo venidero. Nadie me va a avergonzar porque creo en Dios, el Padre Todopoderoso. También creo en su Hijo, Jesucristo nuestro Señor, y creo en el Espíritu Santo, así como también en el perdón de pecados y en la vida eterna.

Baal, sin embargo, no le ofrece esto. El mundo tampoco. Ese mundo resbaladizo que entra en su hogar a través de la televisión no tiene seguridad eterna. Y ese teatro tampoco. Nada de eso ofrece seguridad, hermano. Solo Cristo Jesús le brinda seguridad eterna. «Nadie viene al Padre sino por mí».

Así que, si quiere el perdón de los pecados, la limpieza interior, el poder para dirigir su vida y un abogado ante Dios allá arriba, un consejero que le lleve en paz a una morada en la casa del Padre, le recomiendo a Jesucristo, ahora mismo.

Nuestra historia en 1 Reyes 18 termina con los baalitas invocando a su dios, pero sin recibir respuesta. Clamaron todo el día y se rasgaron sus cuerpos todo el tiempo, pero aún así no pasó nada. Entonces Elías oró al Dios altísimo y, en poco tiempo, el fuego cayó. Dios confirmó la fe de Elías y dio testimonio de su obediencia. Y eso es lo que Dios hará por usted.

Guíame, oh gran Jehová

Abre ahora la fuente de cristal,
De donde fluye la corriente sanadora;
Deja que el fuego y la columna de nube
Me guíen durante todo mi viaje.
Libertador fuerte, Libertador fuerte,
Sé tú todavía mi fuerza y mi escudo.

—William Williams (1717-1791) /
Harry E. Fosdick (1878-1969) /
John Hughes (1873-1932) /
Peter Williams (1722-1796)

CAPÍTULO 19

Fuego en el horno

Entonces el rey Nabucodonosor se espantó, y se
levantó apresuradamente y dijo a los de su consejo:
¿No echaron a tres varones atados dentro del fuego?
Ellos respondieron al rey: Es verdad, oh rey. Y él
dijo: He aquí yo veo cuatro varones sueltos, que se
pasean en medio del fuego sin sufrir ningún daño;
y el aspecto del cuarto es semejante a hijo de los
dioses.

—DANIEL 3:24-25

*Te agradezco, oh Padre, por los hornos de fuego que has
establecido en mi vida. Es en estos hornos que realmente
experimento tu presencia, la que me separa del mundo que me
rodea. Alabado sea tu nombre, amén.*

Cuando Moisés encontró el fuego en la zarza, tuvo un encuentro con Dios por primera vez. Fue su primera experiencia en la presencia de Dios. No obstante, esa experiencia cambió a Moisés por el resto de su vida.

Esa transformación en Moisés lo llevó a una posición en la que Dios lo podría usar para rescatar a su pueblo.

Muchos años después llegamos a la historia de Sadrac, Mesac y Abed-nego. Estos tres conocían a Dios y eran compañeros de Daniel, aunque estaban esclavizados por Babilonia. El rey Nabucodonosor tenía autoridad sobre sus vidas, o eso creía él.

Los enemigos de Dios, de Daniel y de esos tres jóvenes estaban tratando de deshacerse de ellos debido a su creciente popularidad, en cuanto a lo que se refería a Nabucodonosor. Sabían cuán consagrados eran esos jóvenes a su Dios, por lo que iban a provocar la caída de ellos.

En Daniel 3:10-11, leemos que el que no se doblegara y adorara a Nabucodonosor, su dios, sería arrojado en medio de un horno de fuego ardiendo. Nabucodonosor aceptó ese plan porque lo hacía importante, pero lo que no sabía era que algunas personas se negarían a inclinarse ante ese dios.

Los jóvenes fueron llevados ante Nabucodonosor, que trató de persuadirlos para que siguieran las pautas de la cultura de esa época.

Eso es lo que está sucediendo hoy. Los nabucodonosores que nos rodean quieren que la iglesia siga la cultura imperante para no molestar a nadie. Esos jóvenes pusieron a Dios primero y no permitieron que nada hiciera que olvidaran su prioridad, ni siquiera la muerte.

En varias ocasiones, Nabucodonosor intentó convencerlos de que todo iba a estar bien. «Sí, pueden servir a su Dios, pero ¿podrían, por causa de mí, inclinarse y adorar a este ídolo?». Era más una transacción comercial que otra cosa, por tanto, ¿en qué los perjudicaría eso?

Él pensó que podría convencerlos, pero no entendía el compromiso de ellos con Dios, que era más importante para ellos que incluso su propia vida.

Nabucodonosor los amenazó si no le obedecían con arrojarlos a un horno de fuego para que murieran.

Estoy seguro de que Sadrac, Mesac y Abed-nego temían al horno de fuego. Pero su compromiso con Dios superó el miedo al horno de fuego y a su lealtad al rey Nabucodonosor.

Los versículos 17 y 18 del capítulo tres de Daniel son importantes para nosotros: «He aquí nuestro Dios a quien servimos puede librarnos del horno de fuego ardiendo; y de tu mano, oh rey, nos librará. Y si no, sepas, oh rey, que no serviremos a tus dioses, ni tampoco adoraremos la estatua que has levantado».

Eso, finalmente, llegó al punto en que Nabucodonosor, para proteger su reputación, tuvo que echar a esos tres jóvenes al horno de fuego. Estoy seguro de que no quería hacerlo, puesto que respetaba a esas personas, no solo por su sabiduría, sino porque fueron una bendición para Babilonia en aquel tiempo.

Lo interesante aquí es que el fuego mató a los hombres que los ataron y los arrojaron al horno, pero los jóvenes no murieron.

Me parece que lo que Dios está diciendo aquí es que, si ponemos nuestra confianza en Él, va a destruir a nuestro enemigo. Nuestro enemigo está tratando de destruirnos. Pero, en realidad, ese enemigo nos está poniendo en un lugar en el que podemos experimentar a Dios como nunca antes.

Debido a la ira de Nabucodonosor en aquel momento, hizo arder el horno siete veces más caliente de lo normal. Eso, por supuesto, mató a los hombres que arrojaban a los jóvenes al fuego. Dentro del horno, las ataduras de sus manos y sus piernas se quemaron, pero el fuego no los tocó a ellos.

Cuando Nabucodonosor miró hacia el fuego, se asombró al ver no a tres, sino a cuatro hombres caminando en medio de las llamas; y la forma del cuarto era como la del Hijo de Dios. De hecho, en ese horno de fuego, calentado siete veces más de lo normal, esos tres hombres experimentaron la presencia de Dios. Y cuando al fin salieron del horno, nos dicen las Escrituras que ni siquiera olían a humo y no había una marca de quemaduras en sus cuerpos ni en sus ropas.

Es en esa situación imposible que no hay otro recurso que la oportunidad de ver a Dios obrar.

Me hubiera encantado hablar con esos jóvenes después de esa experiencia sobre lo que significó para ellos y cómo cambió sus vidas. Ellos experimentaron a Dios. Dios estaba en ese horno y estaba de su lado, no del lado de los babilonios.

Si vamos a experimentar la presencia de Dios, tenemos que estar donde Dios pueda comunicarse con nosotros. El fuego de Nabucodonosor destruyó al enemigo y los lazos que sostenían a los tres muchachos y los llevó a un lugar donde podían ver a Dios. Disfrutaron la presencia de Dios. La Escritura dice que caminaban en círculo. ¿Quién en su sano juicio camina en medio de un horno?

Solo aquellos que han experimentado la presencia de Dios saben lo que este fuego hizo por esos tres jóvenes. Ello les confirmó que la presencia de Dios era una realidad en sus vidas.

Nunca más volvieron a experimentar eso, hasta donde sabemos. No tuvieron que hacerlo. Esta experiencia con la presencia de Dios grabó a fuego una impresión tan profunda en sus corazones que nunca más la olvidarían. Fue una confirmación de la presencia de Dios en sus vidas, independientemente de lo que tuvieran que enfrentar.

Creo que Dios quiere confirmar su presencia en mi vida. Creo que cuando me entrego total y absolutamente a Dios, me lleva al lugar donde confirma mi relación con Él.

Imagínese a alguien andando toda su vida como cristiano, pero sin la confirmación ardiente de que la presencia de Dios está en medio de él.

Necesitamos avanzar en el poder del Espíritu Santo. Ese poder es el fuego de Dios que destruirá a nuestros enemigos y nos liberará de toda esclavitud, de modo que podamos caminar uniéndonos al Hijo de Dios en alabanza y adoración al Señor.

El poder de los viejos tiempos

Tráenos en oración delante de ti,
Y con fe nuestras almas inspiran,
Hasta que reclamemos, por fe,
La promesa del Espíritu Santo y el fuego.

—Paul Rader (1879-1938)

CAPÍTULO 20

Las bendiciones de la presencia manifiesta de Dios

Cazadnos las zorras, las zorras pequeñas, que echan a perder las viñas; porque nuestras viñas están en cierne. Mi amado es mío, y yo suya; él apacienta entre lirios.

—CANTARES 2:15-16

Porque tu presencia se manifiesta en mi vida, Señor, me he deleitado en vivir para ti. Que mi vida refleje cada día esa presencia al mundo que me rodea. Amén.

A lo largo de este libro, he estado hablando acerca de entrar en la presencia de Dios. Me gustaría resumirlo todo en este capítulo. ¿Cuáles son las bendiciones que vienen a nuestro camino al entrar en la ardiente presencia de Dios?

Mi énfasis ha sido que necesitamos experimentar la presencia de Dios. No es suficiente solo saber acerca de ella. Antes de que Moisés llegara a la zarza ardiente, él sabía acerca de la presencia de Dios. Fue en la zarza ardiente, cuando experimentó la presencia de Dios, que eso lo marcó el resto de su vida.

La Biblia es muy clara al decirnos que es posible ir año tras año en ignorancia espiritual. Necesitamos entender que lo que no sabemos nos arruina espiritualmente.

Comprender y percatarnos de que la presencia de Dios está a disposición nuestra no hace nada en nuestras vidas. La consecuencia de experimentar a Dios en su ardiente presencia tiene un poderoso efecto en nuestro ser. Los beneficios sobrepasan nuestra comprensión total.

Al meditar en los beneficios de vivir cotidianamente en la presencia de Dios, creo que el primero sería un elemento disuasorio del mal.

El corazón humano es desesperadamente inclinado al mal, y creo que no necesitamos evidencia de eso, está a nuestro alrededor. Nosotros, como humanos, somos propensos a errar. A intentar hallar algo que pueda negar esto. Si no estamos enfocados, vagaremos en cualquier dirección que ejerza influencia en nuestra vida en un momento determinado.

Dado que esto es cierto, cualquier ayuda al aspecto disciplinario de nuestra vida es bienvenida. Llevar una vida indisciplinada es hacernos vagar en la dirección errónea. ¿Cuántos han sido cristianos durante veinticinco años y de repente se encuentran lejos de Dios? Han vagado. Han sido influenciados por algo más que la presencia manifiesta de Dios. Realmente necesitan una llamada de atención.

Una cosa que la presencia de Dios crea en nuestros corazones es el miedo. Este es un verdadero estímulo para gran parte de nuestra conducta humana. Por miedo o temor hacemos o dejamos de hacer ciertas cosas. Además, ejerce una influencia en nuestra caminata disciplinaria como cristianos. Cuando nos acercamos a la presencia de Dios, surge una sensación de asombro y temor en nuestra vida, lo que ayuda a disuadir a las personas que nos rodean.

La mayoría de las personas se rigen por sus hábitos, lo que permite que la presión externa los guíe cada día en lugar de la ardiente presencia de Dios en su vida. Debido a que no experimentan a Dios, no tienen temor de Él.

El ladrón no roba en presencia de un policía. Necesitamos entender que a medida que lleguemos a la presencia de Dios, habrá un miedo abrumador, un detrimento del mal que tenemos en nuestro ser.

La presencia ardiente de Dios desalienta la ociosidad.

Un criado no holgazaneará en presencia de su empleador. Querrá impresionarlo y mantenerse ocupado haciendo su trabajo.

Cuando llegamos a la presencia de Dios, comenzamos a dejar de lado esa ociosidad, y nuestros corazones se agitan para seguirlo.

La simple pereza es una gran maldición, particularmente en la iglesia cristiana de hoy. Abre espacio para el mal. La pereza, como resultado de no acudir a la presencia de Dios, hará que no hagamos el trabajo que Dios quiere de nosotros. Sabemos que hay un trabajo vital que hacer, pero lo posponemos, alegando razones para esperar a mañana para realizarlo.

La pereza debilita y corrompe nuestra alma. Necesitamos tener un alma que arda con la presencia de Dios, lo que alejará cualquier ociosidad que podamos tener en nuestras vidas.

El trabajo no mata, pero la inquietud y los desajustes sí pueden hacerlo. Cuando pensamos que Dios está aquí, ciertamente no nos quedamos quietos, sino que nos ocupamos en los asuntos de nuestro Padre.

Creo que la presencia de Dios, esa presencia ardiente, es una cura para el descuido, esas pequeñas zorras que estropean la vid cristiana en el área de nuestro tiempo, nuestro dinero, nuestra conversación, nuestra conducta.

«Tú, Dios, me ves...».

El descuido que tenemos en nuestras vidas solo puede ser tratado si experimentamos la ardiente presencia de Dios y si permitimos que ese sea el factor motivador en nuestras vidas.

Además, creo que la ardiente presencia de Dios en mi vida es una fuente de gran valor.

Si alguna vez la iglesia cristiana necesitó valor, es hoy. Todo el mundo está contra nosotros y debemos ser capaces, con gran valentía, de enfrentarnos al mundo. Podemos contar con seguridad con el aliento que Dios tiene para nosotros.

También podemos estar tranquilos y seguros con un oficial de policía patrullando nuestra puerta. No nos preocupamos de que nos ocurra nada malo cuando hay guardias rondando. Un niño puede silbar en señal de peligro cuando su padre está cerca. Entonces, como ve, acudir a la presencia de Dios crea dentro de mí un espíritu valeroso. Sé que no estoy solo en esto.

Cuando Moisés se encontró con Dios en aquella zarza ardiente, se convenció —desde ese momento— de que no estaba solo en eso. Sea lo que sea que Dios lo llamara a hacer, tendría el coraje de hacerlo porque Dios estaba con él.

Además, creo que esta presencia ardiente de Dios en nuestra vida redimirá nuestro trabajo.

Cuando entendemos que Dios está con nosotros, que nos guía y que nos dirige, tendremos confianza en que está con nosotros. Nuestros misioneros en cualquier país extranjero están llenos de la sensación de que Dios está con ellos. También lo está el que trabaja en los rincones del mundo tratando de redimir a algunas de esas personas que han cometido muchos pecados y demás. Los mártires, las cárceles, todo eso. Podemos entender que Dios está con nosotros. Y si Dios está con nosotros, nos está capacitando para hacer lo que quiere que hagamos. Y además ese trabajo que estamos haciendo está en manos de Dios. Y Dios nos está usando y purificando por el poder de su ardiente presencia para el trabajo que estamos haciendo por Él.

Debo concluir con este aspecto tan importante. El fuego de la presencia de Dios en mi vida glorificará mi oración y mi adoración. La ausencia de Dios paraliza, enfría y mata ese sentimiento de oración y adoración.

Cuando estamos en presencia de Dios, nuestra oración adquiere una vitalidad que no podemos conocer en ninguna otra condición. Es entonces que nuestra adoración comienza a ser revitalizada por su presencia. Si adoro con mis propias fuerzas, nada de eso tiene valor. Cuando comienzo a adorar a Dios en el poder y la demostración del Espíritu Santo, la presencia de Dios arde de tal manera en mi corazón que la adoración se eleva por encima de las expectativas humanas, entrando en su santa presencia.

La iglesia de hoy necesita tener esa noción de la presencia de Dios haciendo efecto en su vida de oración y adoración. Es maravilloso saber que no estoy solo cuando se trata de mi vida de oración.

A veces nos ponemos de rodillas y ponemos nuestro rostro ante Dios, y oramos, oramos y oramos, pero nada parece suceder. Nada parece ir en la dirección en que nos gustaría que se moviera. Cuando comencemos a experimentar el fuego de la presencia de Dios en nuestra vida, entonces nuestras oraciones empezarán a cambiar.

Es mi convicción que la mayoría de los cristianos no saben orar. Pero no oran como resultado de la presencia de Dios en su vida. Sus oraciones son solo palabras. Pero cuando experimentamos la ardiente presencia de Dios en nuestro ser, nuestras oraciones comienzan a fusionarse con esa presencia al punto que ya no oramos con nuestra fuerza, sino que estamos orando con la fuerza de la presencia de Dios en nuestra vida.

Hay mucho más que podría decir sobre la adoración aquí. A veces veo, en las iglesias de hoy, que la adoración ciertamente no es a Dios. Las iglesias cantan y hacen esto o aquello, pero no hay un sentir de la presencia de Dios.

Cualquier tiempo de adoración que no magnifique la presencia de Dios no es una adoración aceptable para Él.

Podemos hacer todo lo que queramos. Podemos emocionarnos y entusiasmarnos, pero si nuestra adoración no está llena del fuego de la presencia de Dios, no es una adoración aceptable en lo que concierne a Dios.

Traté de aclarar en este libro que la presencia de Dios no es algo de lo que hablamos. Es más bien algo que experimentamos. Cuando experimentamos la presencia de Dios, nuestra vida adquiere una dimensión que nunca antes tuvimos. Y Dios comienza a usarnos, y las cosas por las que antes peleábamos parecen desaparecer. Las cosas que intentábamos perseguir desaparecen. Comenzamos a tener un nuevo enfoque en nuestras vidas y ese enfoque es el fuego de la presencia de Dios.

La manera en que esa presencia ha marcado una diferencia en mi ser es lo que me alegra cada día de mi vida. Este es mi desafío para usted, no permitamos que pase un día sin experimentar el fuego de la presencia de Dios. Luego veremos la diferencia que ello hace en nuestras vidas.

Hay una canción en el aire

¡Hay una canción en el aire!
¡Hay una estrella en el cielo!
¡Hay una oración profunda de una madre
Y un llanto bajo de un bebé!
Y la estrella hace llover
Mientras los hermosos cantan,
¡Para el pesebre de Belén, acuna un rey!
—Josiah G. Holland (1819-1881) /
Karl P. Harrington (1861-1953)

A. W. Tozer (1897-1963) fue un teólogo, pastor y escritor autodidacta cuyas poderosas palabras continúan cautivando el intelecto y agitando el alma del creyente de hoy. Escribió más de cuarenta libros. *La búsqueda de Dios* y *El conocimiento de lo santo* se consideran sus clásicos devocionales modernos. Obtenga información y cotizaciones de Tozer en www.twitter.com/TozerAW.

El reverendo James L. Snyder es un autor galardonado cuyos escritos han aparecido en más de ochenta periódicos y quince libros. Se le reconoce como una autoridad en la vida y ministerio de A. W. Tozer. Su primer libro, *The Life of A. W. Tozer: In Pursuit of God*, ganó el premio Reader's Choice Award en 1992 otorgado por *Christianity Today*. Debido a su profundo conocimiento de Tozer, Snyder recibió los derechos de A. W. Tozer Estate para producir nuevos libros derivados de más de cuatrocientas cintas de audio nunca antes publicadas. James y su esposa viven en Ocala, Florida. Obtenga más información en www.jamessnyderministries.com y www.awtozerclassics.com.